65年ぶり生前贈与ルール大改正完全対応版

自分と家族の

生前の整理と手続き

弁護士・税理士が教える最善の進め方Q&A大全

JN021115

文響社

プロローグ

生前整理のスタートは50代60代からが適齢期！自分と家族のために今すぐ取り組もう！

あんた誰？
ジャーン
ワシは終活博士！
終活博士
終活は50代60代から始めても決して早くないむしろ適齢期なのじゃ！
一家の大黒柱だからこそ終活が必要なんじゃ！
死亡後家族はこのような手続きが必要じゃ
人によってはまだまだある
●死亡診断書（死体検案書）の手配
●死亡届・火葬許可申請書・世帯主変更届の提出
●金融機関への届け出、預貯金の解約・名義変更
●健康保険・介護保険・公的年金の各種届け出
●通夜・告別式・納骨の手配、お墓の手配や改葬
●遺言書・相続人・相続財産の調査、遺産分割協議
●相続税の申告・納税 など
※くわしくは『身近な人の死後の手続きQ＆A大全』（文響社）
私たちあなたについて知らないことばかりなのよ
預貯金はどの金融機関にいくら預けてる？
通帳や印鑑不動産権利書の保管場所は？
口座番号や暗証番号は？
お葬式には誰を呼ぶの？
お墓はどうするの？
まさか…隠し子がいるなんてことは？
タジタジ
だからエンディングノートは書くべきじゃがそれだけではない

今から生前の資産整理と手続きを行う必要がある！
えっ資産整理？手続き？
預貯金や株 投資信託 債券 不動産 車 貴金属などの所有資産をすべて書き出して不要な資産は売却・解約または廃棄処分してしまうことじゃ
そうね 預貯金の口座をいくつか解約して1つにしてくれるだけでもだいぶ助かるわ
ふーん そんなもんか
じゃあ まずは資産を書き出すか
フム フム
エンディングノート
ドカッ
ダメ！ 博士は他人なんだから……
ワシとしたことが確かにそのとおりじゃ
資産内容は他人に知られると大変なことになる
資産目録をパソコンで作成する場合には誰にも知られないパスワードを設定するなどくれぐれも慎重にな
それじゃあもしものときにパソコンを開けないじゃない

なら奥様にだけパスワードを知らせておけばいい
しかし……えーと……
奥様にも見られたくないデータがあるのかのぉ
なによそれ！
そ……そんなこと……
いい方法がある（※）後での…
いや～パソコンって難しいなぁ
最近はパソコンやスマホに保存したデジタル遺品の整理が問題になっておる
ネット銀行の口座も遺産分割後に見つかって遺産分割がやり直しになるケースもあるから要注意じゃ
家族が困らないようにデジタル遺品についても生前の整理と手続きを行っておくべきじゃ
そうね家族で撮った写真やビデオなどのデータ…
それではまたな
チラッ
あ～っ今なんか目配せしたでしょ！
い…いやいや…

※本書のマンガはフィクションであり、実在する人物とは一切関係ありません

※第10章参照

整理と手続きの勘どころ ❶

今すぐ行う所有資産の生前整理・手続き

所有資産	整理・手続きの要点	参照ページ
預金・貯金	◉預貯金は金融機関名・支店名・口座番号だけでなく、暗証番号や通帳・印鑑の保管場所などの情報を家族と共有する	P28～29
	◉預貯金の口座が複数ある場合は、なるべく1口座だけを残して解約を！	P30
	◉ネット銀行の口座もなるべく1口座だけに整理し、その情報を家族と共有する	P33
借金・債務	◉カードローンや住宅ローンなどの借金、公共料金などの未払金、連帯保証などの債務も所有資産。できるだけ減らすこと！	P34～36
株・投信・債券・会員権など	◉株や投資信託、国債、ゴルフ会員権などは、タイミングを見てなるべく売却を。放置すると家族の相続手続きが大変になる	P40～42
	◉ネット証券の口座は極力1口座だけに整理し、その情報を家族と共有する	P43
土地・家などの不動産	◉土地や家は、家族が望むなら売却するのも一手。所得税がかかることはあるが、家族の相続手続きはらくになる	P54～62
	◉古い家は空き家問題の原因になりかねないので、家族と相談して建替えなどを検討する	P60
	◉借地権付きの不動産は、売却するとトラブルになりやすい。そのまま相続財産として遺すのが無難	P65
車・書画・骨董・貴金属・宝飾品など	◉車は複数台あるなら1台を残して売却を。利益には所得税がかかるが、家族に現金を遺せる。放置した場合、家族が相続手続きを行う必要がある	P65～66
	◉書画・骨董や宝飾品などは、なるべく売却する。ただし、放置しても相続財産になる	P67～68

万一に備える生前整理・手続き

対象項目	整理・手続きの要点	参照ページ
生命保険・医療保険	◉無駄な保険に加入しているケースが多いので必ず見直しを。１つでも解約すれば、家計の負担が大幅に減る	P72～73
	◉新しい保険をすすめられたら、メリット・デメリットを考えて慎重に判断を！	P72～75
医療・介護	◉万一植物人間や要介護になったときに備え、医療・介護の希望をエンディングノートに書くなどして家族に伝える	P160～172
	◉万一認知症になったときに備え、任意後見制度や家族信託などの利用を検討する（すでに認知症の人もほぼ同様）	P82～87
国民年金・厚生年金	◉公的年金の種類、基礎年金番号、年金受取り口座などの情報を家族と共有しておく	P88～89
	◉支給もれ年金の有無を調査する（死後に見つかった場合には遺族が受け取れる）	P90
お葬式	◉お葬式の種類や形式などの希望を家族に伝えておく	P94～97
	◉お葬式の参列者名簿を作っておく	P98
	◉葬儀の生前契約や死後事務委任契約を結ぶかどうかを検討する	P101～102
お墓・改葬	◉自分が入るお墓を用意し、その情報を家族と共有する	P103～104 P106～107
	◉改葬が必要な場合は家族や親族と相談し、現在のお墓の管理者とうまく交渉を！	P105 P108～112
	◉必要に応じて、お墓の管理代行サービスの利用を検討する	P113

整理と手続きの勘どころ ❷

相続に備える生前整理・手続き

対象項目	整理・手続きの要点	参照ページ
生前贈与・税金	◉相続税の基礎控除内の人もメリット大なので生前贈与を検討する	P118～119
	◉相続開始前3年以内（2024年1月以降は7年以内）に行った暦年贈与は、相続税の対象となるので要注意！	P130～132
	◉暦年贈与は定期金の贈与と見なされないように贈与額を毎回変えるなどの工夫を！	P130
	◉贈与税のかからない生前贈与の方法は多く、うまく活用して税負担を減らす	P128～142
遺言書	◉遺産を譲りたくない相続人や、相続人以外に譲りたい人がいるような場合には、必ず遺言書を作成しておく	P147 P158～159
	◉自筆証書遺言は不備があると無効になるので、公正証書遺言の作成がおすすめ！	P149 P155～157
	◉自筆証書遺言を作る場合、自筆証書遺言書保管制度の利用を検討する	P150～153
エンディングノート	◉万一の入院・介護・死亡のときに家族が困らないように、資産内容や本籍地、医療・介護の希望、血液型、保険証・年金証書・遺言書の保管場所などを記入しておく	P160～172
	◉不動産がある場合、その種類や所在地、面積、抵当権の有無などをくわしく記入する	P160～172
相続対策	◉資産が少ない人にも相続トラブルが多発しているので、誰でも生前に相続対策を行う必要がある	P176～177
	◉法定相続に従わない遺産分割を望む場合は、相続トラブルを回避するために必ず遺言書を作成しておく	P158～159 P182

巻頭図解 ひと目でわかる！ 生前の

老後に備える生前整理・手続き

対象項目	整理・手続きの要点	参照ページ
老後資金	◉亡くなるまでに必要な老後資金は人によって違うため、それぞれ自分で計算する。足りない分は節約や資金運用などの自助努力が必要に！	P192～196
住まい・高齢者施設	◉公共料金の支払いの情報を整理しておく	P197
	◉老後は自宅で暮らすか高齢者施設に入居するか、よく検討する	P198～203

思い出の資産の生前整理・手続き

対象項目	整理・手続きの要点	参照ページ
写真・年賀状など	◉身の回りの資産はタンスなどの大きいものから片づけていく	P208
	◉写真や年賀状はデータ化してパソコンなどに保存する	P209～212 P216
デジタル遺品	◉パソコンやスマホ、有料アプリなどの契約は、不要なものは解約する	P213
	◉ IDやパスワード、暗証番号などの情報は家族と共有しておく	P214～215

おひとりさまの生前整理・手続き

対象項目	整理・手続きの要点	参照ページ
所有資産	◉相続人がおらず遺産を譲りたい人がいる場合、必ず遺言書を作成する	P228～229 P232
生活・死後の手続き	◉離れて暮らす家族がいる人は見守りサービスの利用がおすすめ	P230
	◉葬儀・お墓・遺品整理などを行ってくれる死後事務委任契約を検討する	P233～236
ペット	◉自分の死後、知人や友人などにペットの世話を託す信託契約や死後事務委任契約の締結を検討する	P237

目次

第7章　遺言書・エンディングノートについての疑問14

第8章　死後のトラブルを防ぐ！相続対策についての疑問11

第10章　写真・パソコン・スマホ・心の生前整理についての疑問18

第1章

今すぐ行う資産整理①

預貯金・借金・債務の生前整理・手続きについての疑問14

▶Q1～14◀

回答者

佐藤正明税理士・社会保険労務士事務所所長
税理士 社会保険労務士 日本福祉大学非常勤講師
佐藤正明《さとうまさあき》

借金も所有資産の1つ！預貯金や債務を総ざらいし家族と情報を共有しよう

察するに だいぶ借金を 抱えておるな
信用金庫から 借りたが その数倍の預金を 預けておる！
ウソじゃ かなり 取り崩して おる
ヒューードロドロ
ば…… ばあさん！
借金も マイナス資産 といって 資産の1つじゃ
今の経営を 続けておると 借金が膨らみ お店を手放す ことになりかねん
これを機会に 剛史さんに店の 経営を譲ったら どうかの？
しかし……
なよ〜〜〜
わ…… わかった
生前の整理と 手続きのやり方を 教えよう
預金と借金 信用金庫 ほかに預け先は ゆうちょ銀行じゃな
金融機関・支店名 種類・口座番号 名義を書いたら 暗証番号を剛史さんに 教えることじゃ
暗証番号や 通帳・印鑑の 保管場所は 他人に知られる 危険があるから 書くのはタブー
書かずに 剛史さんに こっそり 教えて おくといい
まかせとけ…
そうか わかった ……
青菜に 塩！
しゅ〜〜ん
パラ パラ

Q1 亡くなる前に家族と共有すべき資産の情報にはどのようなものがありますか？

急に亡くなると家族が大変。資産内容に加え暗証番号やパスワードなどの共有も必要に！

A

生前にやっておきたいことの第一歩は、自分にどんな資産があるかを明らかにすること。つまり、資産を「見える化」することです。

それが後に遺される家族のためであり、自分の死後に相続税がかかるかどうかについても、家族が資産の全体像を把握できて初めて判断できるからです。

家族にできるだけ多くお金を遺したいと考えていても、家族が資産を把握できなければ、余計な手続きや手間が増えてしまいます。資産を遺すことは大事ですが、それをすぐに使えるようにしておくことも、同じくらい大切。つまり、資産の内容だけでなく、保管場所が伝わるようにしておくことが重要なのです。

資産というと、現金、預貯金、有価証券、不動産などを思い浮かべる人が多いと思います。ほかにも、書画・骨董《こっとう》などの美術品、自動車や耐久消費財（家電など）、さらに借入金やクレジットカードの未払金といったマイナスの資産もあります。

また、預貯金はどの銀行にいくらあるか、通帳や届出印はどこにあるか、キャッシュカードの暗証番号、さらに、ネット銀行を利用している場合にはログインＩＤやパスワードなどもわかるようにしておきましょう。ネット証券を利用している場合も同様です。

同じように現金や貴金属、生命保険証書、不動産の登記書類、ゴルフ会員権やリゾート会員権の証書などを自宅の金庫に入れているなら、現金がいくらある、ダイヤの指輪がある、不動産や会員権を所有しているという「存在」情報だけでは不足です。金庫のカギを収めている「保管場所」とセットで伝える、あるいは伝わるようにしておくことが重要なのです。

生前の整理・手続きは、こうした資産の洗い出し作業からスタートさせます。できれば、これを機に不要な口座やカード類は整理してしまいましょう。

家族と共有すべき資産の情報

資産の種類	必要な情報
現金	保管場所、金庫のカギなど
預貯金	◉取引のある金融機関名、支店名、種類、口座番号 ◉預金通帳・届出印・実印・キャッシュカード・定期預金証書の保管場所 ◉キャッシュカードの暗証番号 ◉ネット銀行の銀行名、ログインＩＤ、パスワードなど
有価証券	◉証券会社名、支店名、連絡先 ◉取引残高報告書、現物の場合は保管場所 ◉ネット証券のログインＩＤ、パスワード など
生命保険	◉保険会社名、支店名、連絡先、受取人 ◉保険証券の保管場所（年金保険・損害保険・災害保険・医療保険なども同様）など
公的年金	◉基礎年金番号、年金手帳・年金証書の保管場所 ◉年金受取り口座のある金融機関名・支店名 など
動産	◉宝石・貴金属、書画・骨董、自動車・自動二輪車、耐久消費財 など ※一覧表で所在を明らかにする
不動産	◉所在地、種類、面積、評価額 ◉権利証、公図、測量図、登記簿謄本、全部事項証明書 ◉賃貸物件の場合は賃貸借契約書の保管場所 ◉固定資産関係の評価明細書、購入時の売買契約書の保管場所 など
会員権など	会員権の種類、会員証書の保管場所 など
借入金＊	借用書または契約書の保管場所、返済予定表 など
クレジットカード＊	カード会社名、暗証番号、引落し口座、取引明細 など
その他	エンディングノート、遺言書 など

＊はマイナス資産

Q2 資産といっても預貯金だけです。預貯金の情報のみ家族と共有すれば大丈夫？

A 預貯金だけでは不十分。家具・家電から借地権まで共有すべき情報は多種多様。

「相続」の視点から見ると、家族と情報を共有すべき資産は預貯金だけではありません。

有価証券、宝石や骨董品《こっとう》、土地・家屋などの不動産とその権利（所有権や借地権など）、貸付金、著作権など、金銭に見積もることができる経済的価値のあるものすべてを資産として書き出し、きちんと「見える化」しておくことが大切です。

❶**現金・有価証券**……現金、預貯金、有価証券、貸付金、小切手など。

❷**動産**……自動車、オートバイ、骨董品、美術品、宝石、貴金属、家財（家電や家具）など。取得価格20万円以上、または現在価値10万円以上程度が目安です。

❸**不動産**……宅地、建物、農地、山林、店舗など。不動産に存する権利としては、所有権（分譲マンションの場合は区分所有権）、借地権、借家権、地上権などがあります。

❹**その他**……ゴルフ会員権、慰謝料請求権、損害賠償請求権、著作権、特許権、商標権など。

みなし相続財産も忘れずに共有を！

❶～❹のほか、**相続財産と見なされる資産（みなし相続財産）として、死亡保険金、死亡退職金、死亡の3年前までに相続人へ贈与された財産などがあります**（120・130ジ《ペー》参照）。一方、年金受給権や養育費の請求権、先祖をまつる祭祀《さいし》財産（仏壇・仏具・墓など）は相続財産として課税されません。とはいえ、遺族が行う届け出や手続きがやりやすいように、これらの情報は課税・非課税に関係なく伝えておきましょう。

さらに、借入金やローン、未払金なども資産に含まれます（Q3参照）。こうしたマイナス資産も相続に深く関わってくるので、家族と情報を共有しておくことが重要です。

Q3 家賃や公共料金の未払金や連帯保証も家族と情報を共有すべき資産ですか？

A マイナス資産として相続の対象になる。家族のためにマイナス資産もすべて記録しよう。

預貯金や不動産などが「プラスの財産」であるのに対し、借入金、未払いの家賃、未納の税金、住宅ローンの残債、クレジットカードの未払金などは「マイナスの財産」であり、相続税の計算上、相続財産から差し引くことができます。水道光熱費などの公共料金、携帯電話などの通信費の未払金も同様です。

通信販売の定期購入、定額で商品やサービスを利用できるサブスクリプション・サービス（サブスク）の利用者は、契約先や金額のリストアップが重要です。

連帯保証人としての保証債務も、必ず家族に知らせておきましょう。できれば早めに保証相手と交渉し、解約することができればベターです。

Q4 自分が保有している資産の総額を把握する簡単な方法はありますか？

A 資産ごとの一覧表を作るといい。書き込み式なら簡単で書き忘れも防げる！

自分はどんな資産を持っているのか、経済的な価値はどのくらいかを把握することはとても重要ですが、資産にはさまざまなものが含まれます。手始めに資産の一覧表（資産目録）を作成することをおすすめします。

資産目録の書き方には特に決まりはありませんが、まずは次ページの「書き込みシート」に自分の資産を書き込んでみましょう。例えば、預貯金の休眠口座、使っていないクレジットカードなども洗い出し、少し時間がかかっても、すべての資産をリストアップして資産目録を作成することが大切です。

そのうえで年々変わる資産状況を念頭に、できれば年に1度くらいは更新していくようにしましょう。

完全「資産目録」書き込みシート

預貯金

金融機関		支店・店番号		種類	
口座番号		名義人		備考	給与振込など
金融機関		支店・店番号		種類	
口座番号		名義人		備考	給与振込など
金融機関		支店・店番号		種類	
口座番号		名義人		備考	給与振込など
金融機関		支店・店番号		種類	
口座番号		名義人		備考	給与振込など

株など有価証券

証券会社		口座番号		名義人	
連絡先				備考	
証券会社		口座番号		名義人	
連絡先				備考	
証券会社		口座番号		名義人	
連絡先				備考	
証券会社		口座番号		名義人	
連絡先				備考	

他の金融資産

ゴルフ会員権や純金積立など

名称・銘柄	名義人	取扱い会社	連絡先

他の資産

書画・骨董・貴金属・宝飾品など

名称	購入価格など	保管場所	備考

貸金庫

ほかに貸倉庫やトランクルーム

金融機関・契約会社・連絡先	場所	保管物など

貸付金

貸した相手		連絡先			
貸した日	年 月 日	貸した額	円	現在額	円
貸した相手		連絡先			
貸した日	年 月 日	貸した額	円	現在額	円

※このシートは直接書き込むか、コピーしてお使いください

書き込みシート1 すべての資産がひと目でわかる！

不動産

種類	□土地　□建物　□マンション・アパート　□その他（　　　）
用途	□自宅　□別荘　□賃貸　□その他（　　　）
所有者	共有者　　　　持ち分
登記簿内容	抵当権　□設定あり［　　　］　□設定なし　　面積　　㎡　　備考

種類	□土地　□建物　□マンション・アパート　□その他（　　　）
用途	□自宅　□別荘　□賃貸　□その他（　　　）
所有者	共有者　　　　持ち分　　㎡
登記簿内容	抵当権　□設定あり［　　　］　□設定なし　　面積　　備考

借入金

借入先	連絡先	借入日	借入額	借入残高	担保
		年　月　日			
		年　月　日			
		年　月　日			

保証債務

保証した日	年　月　日	保証した金額	円
主債務者		主債務者の連絡先	（　　）
債権者		債権者の連絡先	（　　）

クレジットカード

カード名	ブランド名（JCBなど）	カード番号	紛失時の連絡先
			（　　）
			（　　）
			（　　）
			（　　）

電子マネーなど

カード名	カード会社	カード番号	紛失時の連絡先
			（　　）
			（　　）
			（　　）
			（　　）

保険

保険会社	保険名	契約者名	受取人名	証書番号	保険期間
					年
					年
					年
					年

Q5 預貯金は銀行名や口座番号のほかにも、家族と共有すべき情報はありますか？

A 相続手続きのさい、家族は通帳・印鑑の保管場所や暗証番号などの情報も必要になる。

預貯金の情報を伝えないまま亡くなると、家族は通帳やキャッシュカードを探したり、印鑑を照合したりと、余計な手間や労力を強いられます。**そうならないためには金融機関名や口座番号だけでなく、通帳・印鑑の保管場所などを家族に知らせておくべきです。**

中でもインターネット上のネット口座のＩＤとパスワードは、第三者が存在を確認しにくい必須《ひっす》情報といえます。また、一般口座でもネット口座でも定期的な振込（年金など）や引落し（カード決済など）がある場合は、その内容がわかるようにしておきましょう。

資産目録（Ｑ４参照）を作成した段階で、よく使う口座に集約します。不要な口座や休眠口座は解約し、できれば１つに整理してしまいましょう。

資産目録を作成することは、そうした資産の整理と手続きにも役立ちます。

家族と共有すべき預貯金情報

預貯金口座	共有すべき情報
市中の金融機関の一般口座	◉金融機関名、支店名、口座番号、通帳・印鑑の保管場所 ◉キャッシュカードの保管場所・暗証番号 ◉定期的な口座引落しの情報　など
インターネット上のネット口座	◉金融機関名、支店名、口座番号 ◉ＩＤとパスワード ◉キャッシュカードの保管場所・暗証番号 ◉定期的な口座引落しの情報　など

Q6 暗証番号や印鑑の保管場所はまだ家族に知らせたくない。死後に知らせる方法は？

A 信頼できる家族と自分だけがわかる方法で保管場所の情報を密かに共有しよう。

預貯金の情報を家族と共有する場合、家族の誰に知らせればよいのか、実はとても悩ましい問題です。

相続開始後、遺産分割前に相続人の1人が預金を下ろしてしまったという話もあります。まずは、信頼できる家族、例えば配偶者にだけ知らせておくことが可能かどうかを検討してみましょう。

費用はかかりますが、銀行や信用金庫などの「貸金庫」を利用するという方法が考えられます。資産やその情報を貸金庫に収納して、そのカギの保管場所と暗証番号を信頼できる家族にだけ教えておくのです。こうすれば、信頼できる家族以外の相続人や第三者に預金を引き出される危険性は格段に低くなるでしょう。

とはいえ、たとえ親子や兄弟姉妹の関係でも、預貯金の情報を知らされた人と知らされなかった人がいると、後々の相続トラブルの原因になりかねません。それならいっそ誰にも知らせず、死後にわかるようにしておきたいと考えるのも当然です。

遺族が必ず目にする場所にメモを置く

死後に知らせる方法としては、パソコンで資産目録を作成する方法が考えられます。そして、そのパソコンを起動するパスワードを書いたメモを、必ず遺族が目にする場所に置いておくのです。遺族が目にする場所としては、定期入れや手帳、財布、日記、スマートフォンのケース、愛読書などが候補になります。

パソコンには、「預貯金情報」「資産リスト」といったファイルにまとめておくといいでしょう。預貯金の情報がすぐに見つかるので、遺族は相続手続きをスムーズに進めることができます。

パソコンを使わない場合も通帳や印鑑、資産リストの保管場所を記したメモを、同じように遺族が必ず目にする場所に置くなどの方法が考えられます。

Q7 銀行や郵便局、信用金庫などに複数の口座があります。一本化すべきですか？

A 開設後に使っていない口座は意外と多い。可能なかぎり一本化の検討を！

預貯金の相続手続きは、金融機関の口座ごとに行わなければなりません。つまり、口座の数が多ければ多いほど、遺族の手間が増えてしまいます。資産目録を作成した段階で、残高が少なく使用頻度も低い口座の解約手続きに取りかかりましょう。

例えば、転勤が多かった人が転勤先で開いた口座、振込先を指定されたなどの理由で開設した口座は、ほとんどが「休眠口座」になっているはずです。こうした口座を1つひとつ解約していくことで、残すべきもの、整理すべきものが見えてきます。

50代60代前半の比較的若い世代の人は、第一段階としてそれぞれの口座の使用目的を考え、決済用（年金受取りや公共料金の引落しなど）、貯蓄用（財産管理のサービスが手厚い信託銀行など）、資産運用（銀行など）の3口座くらいに絞り込んでみましょう。

中でも利用頻度の高い決済用の口座は、行きやすい近くの場所、またはよく出かける場所にある金融機関にしておくと便利です。

その後、高齢になって複数の口座管理が難しくなったら、決済用の口座に一本化すればよいのです。

この決済口座にセットされているクレジットカードも、段階的に1～2枚に整理していきましょう。

大切なのは、整理し切れなかった口座も資産目録に書き込んでおくことです。ちなみに現行法では、金融機関に10年以上放置された休眠口座の預金は、公益活動に充てられることになっています。10年以上放置して休眠口座になった場合でも引き続き預金を引き出すことは可能ですが、注意してください。

Q8 金融機関で保証される1千万円を超えた預貯金はどう保管すればいい？

A 一本化する必要はなく、複数の金融機関に分散し、家族と情報の共有するのも可！

万が一、金融機関が破綻《はたん》しても一定額の預金を保護する仕組みが「預金保険制度（ペイオフ）」です。具体的には1金融機関ごとに預金者の預金を合算し、元本1千万円までと破綻した日までの利息が保護されます。信用力が高く、破綻のおそれがほとんどない金融機関を選べば、預金を一本化して1千万円を超えても特に問題ありません。極めて可能性の低い破綻を懸念して手元で保管すると、かえって危険が高まります。

むしろ、外貨預金はペイオフの対象ではないということを理解しておくことのほうが重要です。どうしても金融機関の破綻が心配なら、複数の金融機関に分散して預け、家族とその情報を共有しておきましょう。

Q9 公共料金の自動振替やクレジットカードの自動引落しは解約すべきですか？

A 生活に必要なものだけを選別し、不要なものはできるだけ解約してしまうのが望ましい。

相続発生後の家族の手間を考えると、金融機関の口座はできるだけ整理・集約しておくべきです。その過程で最終的に残るのが、公共料金の自動振替やクレジットカードの引落しなどに利用している決済口座です。

公共料金は今ではコンビニでも支払えますが、銀行やコンビニに請求書を持参して手続きを行うのは、時間も手間もかかります。

公共料金の自動振替は生活に必要だと割り切り、支払口座を一本化して家族とその情報を共有しておくことが重要です。クレジットカードの自動引落しを利用している場合も、できるだけ1枚のカードに集約し、それ以外のカードは解約を検討しましょう。

Q10 亡くなった人の預金は凍結されると聞きました。家族が知っておくべきことは？

A 凍結されても遺族が手続きすれば仮払いされる。手続きに必要な書類を知っておこう。

金融機関に預貯金の口座を持っていた人が亡くなった場合、遺族はその旨を金融機関に連絡しなければならず、口座名義人の死亡を知った金融機関は相続手続きが終わるまで、その口座を凍結します（ただし、遺族が連絡しなくても他の情報によって口座が凍結されることがある）。

その結果、以前は預貯金の払戻しなどが一切できなくなり、葬儀費用の支払いや当面の生活費に困るケースが問題となっていました。ところが、2019年7月からは、一定額の仮払いが認められるようになっています。**払い戻せる仮払いの金額は「相続開始時の預貯金額の3分の1×法定相続人分」で、1金融機関ごとの仮払いの上限は150万円までです。**

金融機関でこの上限額以上のお金が必要になったようなときには、家庭裁判所に遺産分割の審判または調停の申立てができ、預貯金の引出しのために仮分割の仮処分ができます。ただし、権利行使の必要性や他の共同相続人の利害を侵さないなどの必要条件があります。

仮払い手続きに必要な書類

金額	必要書類
150万円まで（家庭裁判所の仮分割の仮処分は不要）	◉被相続人の除籍謄本 ◉被相続人の戸籍謄本または全部事項証明書（出生～死亡まで連続したもの） ◉相続人全員の戸籍謄本または全部事項証明書 ◉払戻し希望者の印鑑証明書
150万円超（家庭裁判所の仮分割の仮処分が必要）	◉家庭裁判所の審判書（遺産分割の審判、または調停の申立て→仮処分→書類提出） ◉払戻し希望者の印鑑証明書

Q11 ネット銀行の口座と預金を持っています。解約すべきですか？

A すぐに解約する必要はないが、相続トラブルを招きやすいので家族との情報共有が必須！

ネット銀行の預金も、一般的な金融機関の預貯金と同じように相続の対象になります。ところが、遺族がその存在に気づかず、後から見つかって相続手続きのやり直しをせざるを得ないケースも発生しています。

こうした問題が生じるのは、ネット銀行を利用している事実を家族が知らないことにあります。ネット口座の利便性や金利の有利さを考えれば、必ずしもすぐに解約する必要はありません。死後に相続手続きを行う家族がネット口座の存在をきちんと把握し、滞りなく手続きできるようにしておくことこそが重要なのです。

ただし、家族と情報を共有するときには、ネット銀行ゆえのトラブルも想定しなければなりません。

例えば、相続人が複数いる中で、被相続人（故人）がネット銀行を利用していることを知っているのが1人だけだった場合、相続発生後にネット銀行の存在を他の相続人に知らせず、預貯金をひとり占めしてしまうかもしれません。身内である相続人の悪意を疑うのはつらいと思いますが、存在が見えにくいネット銀行は、そうしたトラブルの原因を内包しているのです。

そうならないためには、被相続人がネット銀行を利用する目的にもよりますが、ネット銀行の存在を家族にオープンにしたうえで、IDやパスワードは死後にわかるようにしておくことが重要です。また、相続手続きの手間を考えると一般的な銀行口座と同じく、できるだけ一本化しておきたいところです。

ネット銀行とは

対面の店舗を持たずインターネット上での取引が中心の銀行。一般的な銀行に比べて振込やATMの手数料が安い、預金金利が高めなどの特徴がある。

Q12 カードローンや住宅ローンなどの借金があります。死亡したらどうなる？

A ローンも相続財産になる。金融機関や返済プランを変えるなどローンの見直しを！

相続が発生すると、カードローンや住宅ローンなどの借入金も相続の対象となります。

ただし、住宅ローンはちょっと特殊で、原則として相続人に支払い義務が引き継がれるものの、ローン契約時に団体信用生命保険（団信）に加入（任意）していれば、残りのローンは完済扱いとなります。つまり、家族はその住宅に住みつづけることができます。

したがって、団信加入者の住宅ローンは相続の対象外となり、住宅は相続財産となります。とはいえ、住宅ローンの返済が滞っていると団信の契約が失効してしまっている可能性があるので、要注意です。

また、団信に加入していない人（未加入者）が亡くなった場合は、相続人が残りのローンを返済しなければなりません。住宅金融支援機構（フラット35など）の場合、複数の法定相続人のうち、基本的には返済能力のある1人が債務を承継する形で、抵当権の変更手続きを行うことになっています。

相続後のローン返済が難しい場合は、すべての財産の相続を放棄する「相続放棄」か、住宅ローンを残したまま住宅を売却し、その売却代金で住宅ローンを返済する「任意売却」を行うか、どちらかを選択します。

気をつけたいのは、親子のリレーローンや夫婦のペアローンです。契約者の1人が亡くなっても、もう1人の契約はそのまま継続されるので、団信の加入形態によっては完済扱いになりません。なお、親が亡くなって親子の共有名義から子の名義に書き換えると、住宅のうち親の持分が相続税の対象になります。

住宅ローン以外のカードローンなどには団信のような救済の仕組みがないため、借金・債務としてそのまま相続人が引き継ぐことになります。借りている金融機関を変えたり、返済プランを再考したりして残額や毎月の返済額を減らし、可能なかぎり完済に努めましょう。

Q13 カードの分割払いや光熱費・通信費・家賃などの未払金は、どうしたらいい？

A 極力減らしておくべき。それでも残る未払金は明細を記録して家族と共有しよう。

未払金は借金（債務）であり、相続が発生すればすべてを家族が引き継ぎます。遺された家族のことを考えれば、払えるものは払っておくべき。家族の負担をなくすことが、何よりも家族のためなのです。

クレジットカードの場合、請求は使用時点から遅れて届くので、相続発生後に引落しの時期が到来することは当然予想されます。リボルビング払い（毎月定額または残高の定率を支払う）で利用代金を支払う場合も、死後に請求が届く可能性は十分あります。

クレジットカードだけでなく、水道光熱費や通信費、家賃などの未払金、それぞれの引落し口座などの情報も、しっかり家族に伝えておきましょう。

Q14 亡くなった人が連帯保証人であることを知らなかった場合、家族はどうなる？

A 相続放棄をすれば債務を回避できる。相続放棄の期限後に知った場合は弁護士に相談を！

相続では、被相続人（故人）の預貯金などのプラス財産も借金などのマイナスの財産もまとめて相続することを「単純承認」といいます。

例えば、知らないうちに親が連帯保証人になっていたケースで、相続人である子供がその債務を背負わされるのは理不尽《りふじん》です。そこで民法では、全面的に相続財産の承継を拒否する「相続放棄」を認めています。

単純承認には、特別な手続きは不要です。しかし、相続放棄を選択する場合には、相続があったことを知った日から原則3ヵ月以内（熟慮期間）に、被相続人の住所地を管轄する家庭裁判所（以下、家裁）に申述書を提出しなければなりません。

ただし、相続人が複数いる場合は、1人が相続放棄しても、その債務が他の相続人に回るだけです。例えば、連帯保証人になっている夫が亡くなり（すでに夫の親は死亡）、妻と子供が相続放棄しても、夫に兄弟姉妹がいれば兄弟姉妹がその連帯保証債務を引き継ぐことになります。つまり、明らかに債務が多い場合は、単独ではなく、相続人全員で相続放棄を行うのが得策です。

相続放棄を行うと当然、現金や預貯金は相続できませんが、死亡保険金や共済金などの「みなし相続財産」は受け取ることができます。

なお、相続人全員が相続放棄を行うと家裁が財産管理人を決めて債権者に弁済を行い、残余財産は相続人不在を確定する手続きを経て国庫に収納されます。

相続放棄によって連帯保証債務の相続は回避できますが、財産の内容や主債務者の支払い能力によっては相続放棄の判断に迷うケースも起こる可能性があります。そのような場合、相続財産の内容の把握に時間がかかる、複数の相続人が所在不明、期限後に相続人であることを知った、などの理由があれば、家裁に「熟慮期間の延長」を申し立てることも可能です。

熟慮期間の延長の可否は家裁が判断しますが、債権者が相続放棄の無効を訴え、相続放棄が認められなくなる可能性もないとはいえません。こうした場合は、できるだけ早く弁護士などの専門家に相談すべきです。

連帯保証とは

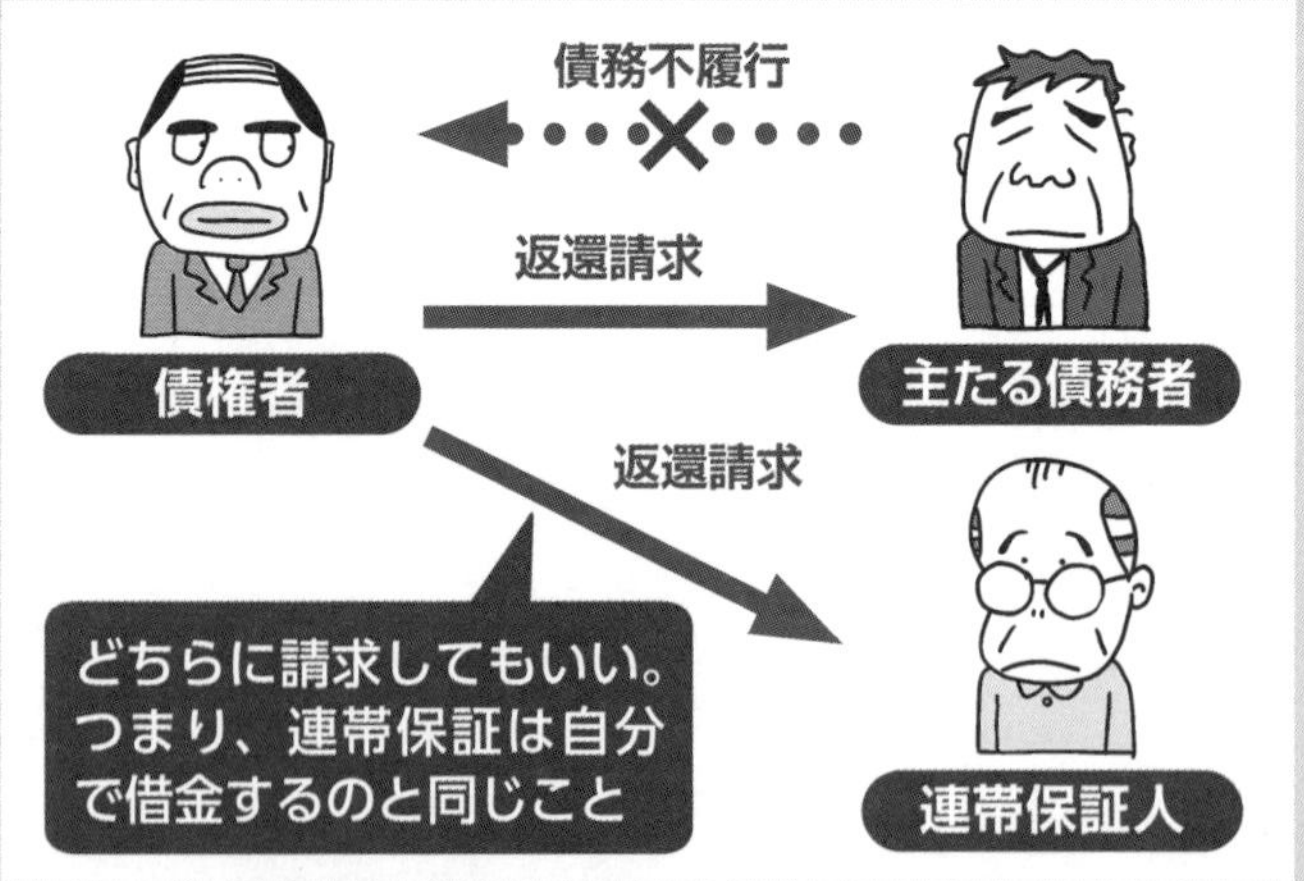

主たる債務者（本来の債務者）と連帯して債務を負担すること。債務者が金銭を返済しない場合、連帯保証人が代わりに返済しなければならない。連帯保証人は重い責任を負うので引き受けるかどうかは慎重な判断が必要。

第2章

今すぐ行う資産整理②

株・投信・債券・会員権の生前整理・手続きについての疑問8

▶Q15～22◀

回答者

佐藤正明税理士・社会保険労務士事務所所長
税理士　社会保険労務士　日本福祉大学非常勤講師
佐藤正明《さとうまさあき》

株式や債券の生前整理は売却のタイミングを見て「利益最大・損失最小」が鉄則！

その年齢で上場株ばかりか投資信託や国債にも投資しているなんてすごいね母さん
バブル期にお父さんが遺してくれた上場株がすごく値上がりしたのがきっかけよ
雅の夫・利明（故人）
経済
平野 雅（68歳）
長男・平野正人
バブル崩壊後は3人の子供を育てるため必死で投資を猛勉強したのよ
生活がかかってたんですね
正人の妻・恵枝
複数の上場株に加えて国債・地方債ワイドやリットー（金融債）ビッグ（貸付信託）それに投資信託ゴルフ会員権…
しかしそろそろ株式や債券の生前整理を考えたら…
生前整理……やだまだ早いわよ
投資は私の生きがいなの

バブル期にお父さんの株がすごく値上がりしてね……
また同じ話をして…お母さん認知症の傾向が……
うーむ……
株式や債券はほうっておいても相続財産になるが相続手続きが複雑になるので家族が大変じゃ
こうしたらどうじゃ これから値上がりが見込める優良株は残しほかは全部売却する！債券や投資信託なども同様じゃ
それでも今すぐってわけにはいかないわ
終活博士
では今から1～2年のスパンで考えてみては？
それならタイミングを見て売却できるわね
損をしてまで売り急ぐ必要はないね
そして証券会社などの口座が複数ある場合は1つにまとめておく
相続手続きがらくになるわ
株式や債券の生前整理はタイミングをよく見て
利益は最大損失は最小が鉄則じゃ
あんた誰だっけ？
ちょっと急いだほうがいいかな……

Q15 株式や投資信託・国債などの有価証券は亡くなるまで保有していて大丈夫ですか？

A 相続財産として遺産分割され、相続人がそれぞれ名義変更や解約などを行うことになる。

国債や地方債、社債、株式、投資信託などの受益を目的として取引する証券は、総称して「有価証券」と呼ばれます。

相続した財産の中に有価証券がある場合は、名義変更または売却の手続きが必要です。そのため、相続人全員で話し合う遺産分割協議を経て有価証券を受け取った相続人が、この手続きを行うことになります。

家族が有価証券の存在や証券会社などの取引金融機関を知っていれば、保有しつづけることになんら問題はありません。ただし、相続手続きの終了後に新たな有価証券の存在が発覚すると、相続手続きのやり直しや相続税の再計算が必要になることがあるので要注意です。

なお、株式には上場株式と非上場株式があり、手続きの進め方が異なります（非上場株式は後述）。

上場株式や国債などの市場で取引される有価証券を相続して売却する場合には、原則として、複数の相続人を代表する「代表相続人」（相続人が1人の場合はその人）が、売却の手続きを行います。しかし、被相続人（故人）名義のまま売却することはできません。いったん代表相続人の口座に株式を移管し、代表相続人が売却するという手順を踏む必要があります。

そのため、代表相続人が取引金融機関に口座を持っていない場合には、新しい口座を開設しなければなりません。代表相続人の口座に株式を移管するさいは、取引金融機関が定める書類や、相続人全員の署名と押印（実印）を求められるのが一般的です。

このように有価証券の相続では、現物で相続するとしたら誰が何をどのくらい引き継ぐか、換金して分割するとしたら誰が代表相続人になるかなど、相続人全員での話し合いが必要になります。そのさい、なかなか同意が得られず、トラブルが生じがちです。生前に、適当なタイミングで売却する、あるいは遺言書で有価証券の相続人を指定することを検討するといいでしょう。

相続した有価証券を継承する場合には、これを受け取った相続人が、証券会社などの金融機関でそれぞれ継承の手続きを行うことになります。

非上場株式は発行会社で手続きを行う

非上場株式を相続した場合には、株券を発行した会社の規定に従って手続きを行います。一般的には税理士や会計士が株式の価値の評価を確定し、遺産分割協議を行って株主の名義を書き換え、その後、相続税の申告・納付へと進みます。

つまり、**非上場株式を継承するためには、誰がどの株式を相続するかを決めなければなりません。相続人が1人の場合や遺言で決められている場合はその人が相続し、複数の相続人がいる場合は遺産分割協議で相続人を決め、非上場株式を発行した会社で手続きを行います。**

相続人が非上場株式の発行会社に株式を相続し継承した旨を連絡すると、発行会社は相続人から必要書類を受領・確認し、株主名簿を書き換えます。ただし、発行会社によっては相続人を株主とせず、その会社が買い取ることを規定しているケースもあります。一方、相続人が非上場株式を換金したいと望む場合は、発行会社が買い取ってくれます。

非上場株式には取引相場がなく、評価額の算定も複雑で、うかつに売却、あるいは譲渡すると、贈与税や所得税などの税金が課される可能性があります。相続方法やその後の取扱いは税理士などの専門家に相談したほうがいいでしょう。

有価証券を相続した場合の手続き

種類	手続きのポイント
上場株式 国債 地方債など 投資信託	◉相続した証券を継承する場合は、証券会社などの金融機関で名義変更の手続きを行う ◉相続した証券を売却する場合は、相続人が複数なら代表相続人の口座に移管後に売却して、売却益を分割する。相続人が１人なら、その相続人の口座に移管する（相続人に口座がなければ、新しく口座を開設する必要がある） ◉遺言書で遺贈された場合は、遺贈された相続人が名義変更、または売却の手続きを行う
非上場株式	◉相続した相続人が、株式発行会社や信託銀行などに株主名簿の書換えを請求する ◉売却・譲渡のさいは、専門家に相談すること

Q16 複数の証券会社で株式や債券の投資をしています。一本化すべきですか？

A 証券会社は極力一本化すべき。いくつも口座があると遺族の相続手続きが大変！

株式や債券などの有価証券は、通常は相続時に被相続人（故人）から相続人に名義を変更し、相続人の口座に移管する手続きを行います。**手続きの必要書類は証券会社によって異なり、遺言や遺産分割協議書の有無によっても変わるため、複数の証券会社と取引があれば、相続人の手間や負担が増えてしまいます。したがって、証券会社はできるだけ一本化しておくべきです。**

相続人が証券会社に口座を持っていなければ、新しく口座を開設しますが、被相続人と同じ証券会社に開設するのが原則です。被相続人名義のA証券の口座から、相続人がすでに持っているB証券の口座への移管に応じる証券会社も全くなくはないのですが、現状では少数です。前もって確認しておきましょう。

ちなみに、証券会社には「特定口座」と「一般口座」があります。「源泉徴収あり」の特定口座なら確定申告は不要ですが、被相続人の一般口座内の資産に相続人の特定口座に移管できないもの（取得日や取得価格が不明な株・単元未満株など）があると、相続後に確定申告が必要になるケースもあります。

特定口座と一般口座

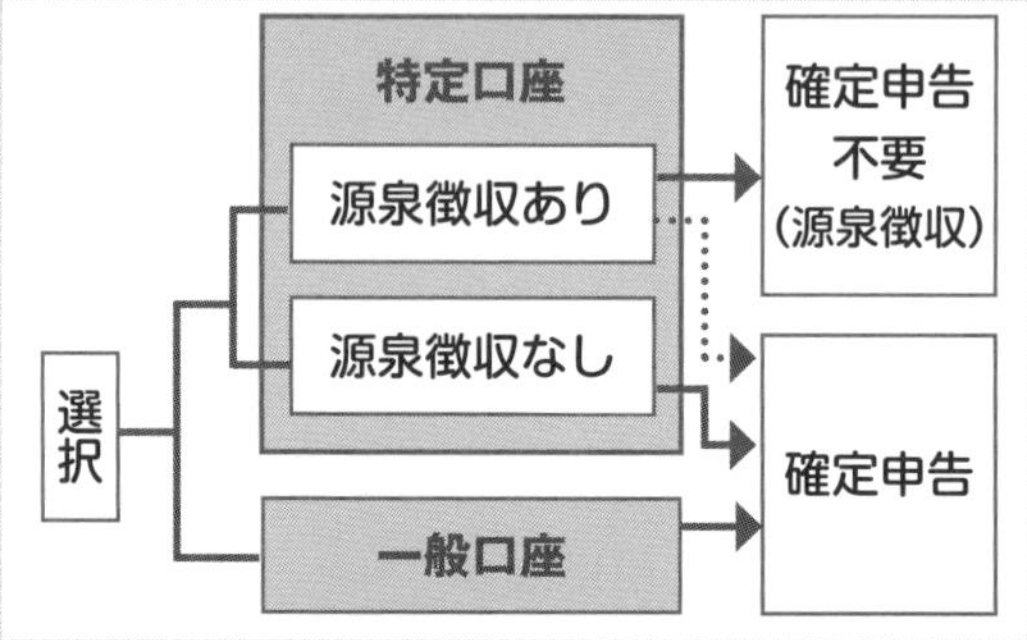

○ 特別口座

「源泉徴収あり」なら確定申告不要。「源泉徴収なし」の場合は金融機関が作成する年間取引報告書をもとに確定申告を行う。

○ 一般口座

自分自身で年間の譲渡損益を計算して確定申告する。

Q17 ネット証券の口座も持っています。すぐに解約すべきですか？

A 証券会社や口座番号、ID、パスワードなどを家族と共有すれば解約を急ぐ必要はない。

ネット証券はオンラインで手軽に開設や取引ができて利便性が高く、一般的な証券会社に比べて手数料が安いため、自分の判断で積極的に資産運用を行う利用者が増えています。

ネット証券にある資産は、ネット銀行と同じように相続の対象になりますが、取引の履歴や形跡が第三者に見えにくいため、家族がその存在に気づかないことが少なくありません。もしも後になってネット証券の口座の存在がわかり、相続手続きのやり直しが必要になれば、家族の負担は著しく増大します。

何より大切なのは、ネット証券の名称と口座番号、ID、パスワードなどの情報を家族と共有して利用する、あるいは、死亡後、家族に確実に伝わるようにしておくことです。こうした備えができていれば、急いで解約する必要はありません。

相続手続きは、通常の証券会社の場合と同じく、被相続人（故人）から相続人に株式の名義変更を行い、そのうえで相続人の口座に移管します。そのさい、相続人は被相続人が利用していたネット証券の口座が必要になり、口座を持っていなければ新しい口座を開設しなくてはなりません。

利用しているネット証券の数が多ければ多いほど、相続手続きの手間が増えるので、1年以上利用していないネット証券があれば解約してしまいましょう。また、複数のネット証券を利用している場合は、できるかぎり一本化する方向で検討してみてください。

ネット証券とは

実店舗を持たずに、オンラインで口座開設や取引を行う証券会社。パソコンやスマートフォンさえあればどこでも取引ができ、手数料が安い。利便性が高いことから個人投資家の利用が増えている。

Q18 株式や国債などの有価証券はすべて解約し、早めに現金化しておくべきですか?

A 家族が望むなら現金化のリスクを負うことを覚悟し、解約の検討を!

相続が発生すると、被相続人（故人）が所有していた資産の所有権は相続人に移ります。相続人が複数の場合は相続人全員で共有している状態になり、その状態は、相続人全員の話し合いによる遺産分割協議を終えて、誰がどの資産を相続するかが決定するまで続きます。

株式や国債などの有価証券を相続する場合も同様に、遺産分割協議で誰がどの資産を相続するかを決めないかぎり、株式や国債の名義変更を行うことはできません。売却（解約）するにしても、名義の書換えは必要です。家族が望むのなら、あらかじめ有価証券を現金化しておくことは1つの選択肢《し》となります。

しかし、株価は日々変動するため、損が出るのを承知で売ることにはためらいもあるはずです。とはいえ、相続人の中に有価証券を継続して運用したいと考える人、それとは反対に現金で相続したいと考える人がいると、遺産分割協議はなかなかまとまりません。ここが相続の難しいところです。

有価証券を複数人で分割する3つの方法

相続した資産を分割するには、「現物分割」「代償分割」「換価分割」などの方法があります。

株式を例にとると、株式そのものを相続人どうしで分割するのが現物分割、1人の代表相続人が株式全部を相続して他の相続人に代償金を支払うのが代償分割、代表相続人が相続後に株式を換金して現金で分割するのが換価分割です。

❶現物分割

相続人が株式のまま相続する方法で、相続後は株式として保有することも、売却することも可能です。ただし、株価は日々変動し、名義変更や移管手続きは相続人がそれぞれ行うため、公平に分けたつもりでも実際の取得金額に差が生じる可能性があります。

❷代償分割

代表相続人（例えば投資に慣れた人）が株式を相続し、他の相続人に対し法定相続分との差額（代償金）を支払う方法です。相続人の中に株式より現金を受け取りたいと考える人がいる場合に適していますが、代表相続人に代償金を支払う資力があることが前提となります。

現物分割・代償分割・換価分割のメリットとデメリット

分割方法	分割方法	メリット（○）・デメリット（×）
現物分割	株数で分ける	○わかりやすい ○相続後は保有するのも売却するのも自由 ×各相続人の相続分と一致させるのが難しい
代償分割	代表相続人が相続し、他の相続人に代償金を支払う	○公平に分割できる ○現金で受け取りたい人がいる場合に対応できる ×代表相続人には代償金を支払うための資力が必要
換価分割	代表相続人が相続し、換金後に現金を分ける	○公平に分割できる ○相続税の納税資金が準備できる ×相続人全員の同意が必要（相続トラブルの原因になりやすい） ×譲渡益（売却したときの利益）に課税される可能性がある

❸換価分割

代表相続人が株式を相続して名義を書き換え、その後、売却して複数の相続人で現金を分けます。相続人の中に投資の経験がない人、現金で受け取りたい人、相続税の納税資金に充てたい人がいたり、株式を分割すると単元未満株になってしまったりする場合に適した方法です。ただし、相続人全員の同意が必要になるので、相続トラブルの原因になりかねません。

以上の分割方法で相続した株式などの有価証券を売却した場合は、原則として譲渡所得税が課されるため、相続人は確定申告して納税する必要があります。ただし、源泉徴収ありの「特定口座」（Q16参照）の株式などを売却する場合は、原則として確定申告は不要です。

相続税が課された場合、申告期限から3年以内（相続開始から3年10ヵ月以内）に株を売却すれば、納付した相続税の一部を株の取得費に加算することができ、税金が安くなります。

Q19 今後値上がりが見込める優良の上場株を持っていますが、解約すべきですか？

A 相場は水物だが、値上がりが期待できるなら相続財産として家族に遺すのも1つの方法。

値上がりが期待できる――こう考えるのは自由ですが、上場株式などの相場の先行きには不確実性がつきものです。将来的に値上がりが見込める理由と、株として相続した場合の手間や価格下落のリスクの両方を家族にきちんと説明し、話し合ってみてはいかがでしょうか。

そのうえで、家族への「感謝の気持ち」として所有している上場株を遺せば、万が一値下がりしても家族は納得できるはずです。

生前に売却・換金しておけば、相続の手間は軽減され、一定の現金を遺すことができます。しかし、もしも**自分が思っていたとおりに上場株が値上がりした場合は、結果的に損をしたことになってしまいます。**

とはいえ、株式のまま家族が相続した場合、相続後に値上がりしたとしても、相続人が投資に不慣れだったり、売るタイミングを誤ったりすると、思っていたほどの利益が出ないかもしれません。むしろ、損をしてしまうことも考えられます。

実は、株式などの有価証券の相続手続き（名義の書換えや移管）には一定の時間がかかるため、売るタイミングを逃してしまう可能性があるのです。相続人の中に資産運用に積極的な人、投資にくわしい人がいるかどうかも、判断材料の1つになります。

有価証券を所有するメリット（値上がり益）とデメリット（値下がり損）、現金化するメリット（一定の金額を確保）とデメリット（値上がり分を失う）を家族に理解してもらうことが大切です。

Q20 株式などの有価証券について、家族と共有しておくべき情報はなんですか？

A 有価証券の種類、証券会社・支店名、担当者、口座番号・暗証番号など数多い。

家族と共有する情報で絶対に欠かせないのは、**証券会社などの金融機関名と支店名、口座番号、有価証券の種類です。**

一般的な証券会社なら**担当者名**、ネット口座なら**ID・パスワード・暗証番号の共有も欠かせません。**

有価証券の相続は確定申告や相続に関係するので、その証券口座が「特定口座」か「一般口座」かという区別（Q16参照）も重要です。

また、手元に株券がある場合（タンス株）は、必ず自分の証券口座に振り替えておきましょう。この手続きをしないまま株主が亡くなり、後で株券が見つかるというケースは今でもしばしばあります。

タンス株の株券そのものには価値がありませんが、株主の権利は保護されています。したがって、「売却するつもりがないから、このまま手元で保管しておけばいい」と考えるのは大間違いです。

上場株式の場合、この事務代行をしている信託銀行（例えばトヨタ自動車の株式なら三菱ＵＦＪ信託銀行）の特別口座（証券保管振替機構「ほふり」へ預託されていなかった株式など）で管理されています。そこから、自分の証券口座に振り替える手続きを行っておきましょう。

なぜなら、本人名義の移管手続きは難しくありませんが、相続発生後だと名義変更や遺産分割協議も必要で、手続きが煩雑《はんざつ》になり、取得価格が不明だと高い税金が課される可能性もあるからです。

伝えておきたい証券口座の情報

	必要事項	共通して必要な事項
一般口座	担当者	証券会社名・支店名・口座番号 有価証券の銘柄・時価（定期的に更新） カードがあれば保管場所・暗証番号
ネット口座	ＩＤ・パスワード	

Q21 FXやゴルフ会員権を解約したい。どのようなことに注意すべきですか？

A FXの解約は為替相場の変動に注意。プロでも損をしやすいので慎重な判断を！

FX（Foreign Exchange）は「外国為替証拠金取引」のことで、通貨を売買したときに発生する差額（為替差益＝スポット益）によって利益を得ます。

例えば、1ドル＝100円で1000ドルと交換すれば10万円。その後、1ドル＝105円になった時点で円に交換すれば10万5000円になり、5000円を得したことになります。実際の取引では現在のレートをチェックし、その後、上がるか、下がるかを予想して売買を行います。

FXにはレバレッジという仕組みがあり、口座に預けた資金の最大25倍（個人の場合）の取引ができるため、少ない資金で高額の取引が可能になります。しかし、日々の為替レートによって損益が左右されるため、ハイリスク・ハイリターンになりやすく、専門家でも損失を出してしまうことがあります。

あくまでもFXは余裕資金で運用し、潮時を見て解約しておくことがベターでしょう。解約手続きは、保有する建玉《たてぎょく》（未決済分）をすべて決済し、口座の資金を全額出金してから行います。

売却は会員権取扱い業者に依頼する

ゴルフ会員権は、預託金制、株主会員制、社団法人制などに大別されます。預託金制は、出資によって会員資格を取得し、優先プレー権や預託金返還請求権が得られる仕組みで、経営には関与しません。株主会員制はプレー権と同時に経営、運営に関する議決権を得られ、社団法人制は会員が自主的にクラブの運営を行う形態です。

預託金制のクラブの会員権の譲渡は、原則として会員の自由です。株主会員制も同様ですが、クラブによっては理事会の承認が必要な場合があります。社団法人制の多くは、譲渡を認めていません。

日本のゴルフクラブはほとんどが預託金制で、ごく一部の例外を除き、会員権は相続の対象となります。ゴルフ会員権を持っていると、優先的に予約が取れるなどの特典が受けられますが、会員権を所有している間は年会費を払いつづけなければなりません。そのまま持ちつづけて相続が発生しても、相続人がそのゴルフ場の入会条件（年齢制限など）を満たしていないと相続できません。売却するにしても、名義変更が必要になり、手続きがかなり大変です。

コースに出ることが減ったり、体力的な衰えを感じたりしたら、解約・売却を検討する時期といえるかもしれません。預託金制でも株主会員制でも会員権の売買に大きな違いはなく、売却するときには、会員権取扱い業者に依頼するのが一般的です。

会員権の価格は需給の状況によって決まるので、仲介業者は1社だけを選びます。複数の売りオーダーが出されると、売却しなかった取扱い業者からの違約金が発生する可能性があります。

売却のさいは、ゴルフ会員権取引業協同組合に加入している取扱い業者を選ぶことが大切です。契約成立後のキャンセルが認められないので、正式発注は慎重に行いましょう。また、ゴルフ会員権を売却したさいの譲渡益は譲渡所得となり、確定申告が必要になります。

FX（外国為替証拠金取引）とは

FXとは、「日本円と米ドル」「米ドルとユーロ」など、2ヵ国の通貨を組み合わせて取引して、「為替差益」や「スワップ収益」などの差益を狙う取引のこと。

FXで得られる利益

- **為替差益**
　為替レートが安いときに通貨を購入し高いときに売る、または通貨が高いときに売り安くなったら買うことで差額が利益となる。
- **スワップ収益**
　低金利の国の通貨を売り、高金利の国の通貨を購入することで、2ヵ国間の金利差が利益となる。

FX取引の例

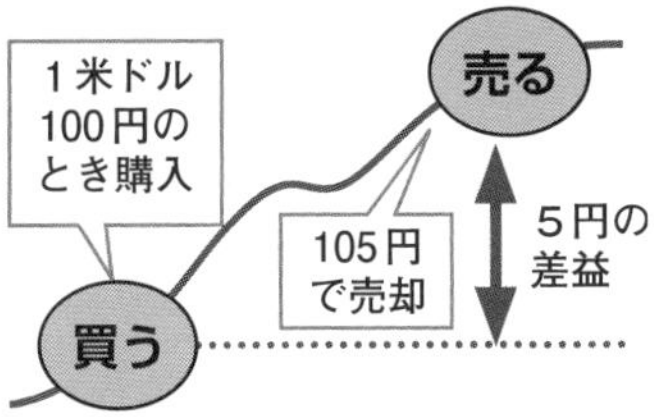

1米ドル持っていた場合

1米ドル＝100円
↓
1米ドル＝105円

5円の儲け

100米ドル持っていた場合

100米ドル＝10,000円
↓
100米ドル＝10,500円

500円の儲け

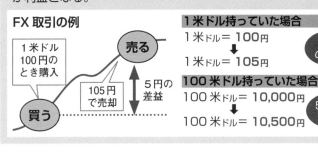

Q22 暗号資産を持っていると相続時にもめやすいと聞きました。すぐ手放すべき？

A 相続トラブルの一因になるので、できれば売却する。利益が出たら確定申告が必要！

暗号資産（仮想通貨）とは、ブロックチェーンと呼ばれるネットワーク上の暗号データです。円やドルといった法定通貨と異なり、国家による保証がなく、裏づけとなる資産もありませんが、決済に使用できる通貨としての役割や価値を持ちます。

売却によって利益が発生した場合には当然、確定申告が必要です。所有者が亡くなった場合は、預貯金などの金融資産と同じく、相続の対象となります。

被相続人（故人）が暗号資産を保有していた場合、相続発生日（死亡日）の価額によって資産額を評価します。暗号資産取引所などがある場合は、相続発生日の取引価格で評価し、この取引所がない場合は、暗号資産の性質や内容、取引実態などを勘案して個別に評価します。

暗号資産はインターネットで取引される電子データであるため、相続人にとってその存在がわかりにくいので、今まで築き上げた暗号資産を家族にうまく引き継げなくなるかもしれません。

したがって、暗号資産の種類、暗号資産交換業者の名称、ID、パスワードが家族にわかるようにするとともに、定期的に取引履歴を残しておくことです。価格変動が大きく一攫千金《いっかくせんきん》を狙って相続人どうしで取り合いになることも予想されるので、相続の発生が視野に入ってきた段階で解約・換金しておくのがベターでしょう。

暗号資産とは

インターネット上でやり取りできる財産的価値のことで、数千種類も存在する。代表的なものとしてビットコインやイーサリアム、リップルなどがある。

銀行などの第三者を介することなく財産的価値をやり取りすることが可能な仕組みとして注目され、「交換所」や「取引所」と呼ばれる事業者（暗号資産交換業者）から入手・換金できる。利用者の需給関係などのさまざまな要因で価格が大きく変動し、非常に高リスク。

第3章

今すぐ行う資産整理③

土地・家・車・貴金属の生前整理・手続きについての疑問13

▶Q23〜35◀

回答者
山本宏税理士事務所所長・税理士
山本《やまもと》 宏《ひろし》
山本文枝税理士事務所所長・税理士
山本《やまもと》文枝《ふみえ》

車や骨董品など価値あるものを売却すれば家の新築や家族との同居も実現！

ただいま父さん母さん
勇気親をほったらかして5年ぶりか今ごろどうした？
長男・勇気
宇野大悟（82歳）
実は定年後は家に戻ろうと……
いっしょに暮らしてくれるのかい？
ただ条件があるんだ
大悟の妻・梨花
蔵の中の父さんのガラクタ処分してほしいんだ
バカモン！貴重な骨董だぞ
母さんの貴金属や宝飾品もね
こ……この親不孝もの！
いやもっともじゃ！
書画や骨董貴金属などは使って初めて価値が出る
ジャーン
蔵やタンスにしまっておくくらいなら生前に処分してしまうことじゃ
終活博士

売ったお金とおれの貯蓄でこの家を建て替えようよ
空き家対策にもなるのぉ
新しい家でお前の家族といっしょに暮らすのもいいわね
それと不動産の権利関係も整理してほしいな
隣のウチに土地を貸してるけど地代がここ数年払われていないそうじゃないか
借地人ともめたくないなら弁護士に相談するといい一般的に地権者が借地契約の解除を申し出て借地人との合意に至れば解除が可能じゃ
借地権の場合おおむね3ヵ月の債務不履行があると借地契約を解除できることになっておる
おじいちゃーん
おばあちゃーん
それから高齢者の運転は危険だから車も処分してよ
病院の送り迎えに必要ならおれの新車に乗せてやるから
おひさしぶりです
ぶりでーす
おー
勇気の妻・花織
孫・知子
それとも介護施設の送り迎えかな
こいつ
ハハハハハ
ほのぼの

Q23 土地・家・車などの不動産や動産について、家族と共有しておくべき情報は？

A 不動産の種類、所有者名義、所在地、面積、抵当権の有無、動産の買取査定など数多い。

預貯金などの金融資産以外に相続の対象となる財産は、「不動産」と「動産」に大きく分けられます。不動産は土地・建物、動産はそれ以外の財産を指します。

金融資産以外の財産の中でも特に高額なのが、不動産です。一般的な土地つき一戸建て住宅の中古物件の査定価格は、都市部では数千万円以上、地方でも数百万円以上するのがふつうで、立地や面積によっては1億円を超えることもあります。

このように、不動産は非常に高額な財産であるため、民法などの法律で権利関係が規定され、多くの制約が設けられています。ですから、自分が所有する不動産の権利関係の情報を家族と共有しておくことが肝心です。

土地つき一戸建て住宅や分譲マンション、すなわち居住用不動産の主な権利関係には「所有権」「借地権（地上権、土地の賃借権）」「抵当権」があります。

●**所有権**……不動産などを自由に使用・収益・処分できる権利（マンションの場合は区分所有権という）。所有権を持つ人が、その不動産の所有者（登記名義人）となります。不動産の所有者は、登記識別情報（昔の登記済権利証の代わりになるもの）に記載されます。

●**借地権**……建物の所有を目的として土地を使う地上権、もしくは土地の賃借権をいいます。借地権は、地主（所有者）と土地賃貸借契約書を交わすことで主張できます（原則として登記の義務はない）。

●**抵当権**……担保として提供された不動産に対する権利。通常、住宅ローンの担保として金融機関が設定し、登記済権利証や登記識別情報に記載されます。

家族と共有すべき情報の第一は、自宅が所有権か借地権かということです。所有権なら登記済権利証（2005年3月7日以降は登記識別情報）、借地権なら土地賃貸借契約書があるはずなので、その保管場所を家族に伝えます。登記済権利証・登記識別情報、土地賃貸借契約書には、不動産の正確な所在地、面積などが記載されているので、家族もザッと目を通しておくといいでしょう。

第二は、所有権の場合は抵当権の有無、借地権の場合は契約期間です。抵当権があれば借入金の返済がすんでいない可能性があり、この残債は家族などの相続人が返済しなければなりません（借地権でも建物に抵当権がついていることがある）。また、借地権の場合は、契約期間が終了すると更新の手続きが必要になり、これは相続後に住みつづける人が行うことになります。

居住用のほかに、田畑、貸駐車場、賃貸アパートなど相続の対象になる不動産がないか確かめましょう。

自動車のカギや車検証の所在を確認

動産で高額なものとしては、自動車、書画・骨董《こっとう》、貴金属、高級腕時計、楽器などがあります。

自動車は、カギや車検証の保管場所、税金の納付履歴などの情報を家族と共有してください。また、書画・骨董、貴金属、高級腕時計、楽器は、どれくらいの買取査定が見込めるのか、古物商による鑑定書はあるのかなどを家族に伝えておくといいでしょう。

家族で共有しておくべき不動産・動産の情報

不動産（土地・建物）	所有権	● 登記済権利証または登記識別情報 →所有者の名義、所在地、面積、抵当権の有無などを確認
	借地権	● 土地賃貸借契約書 →賃貸人・賃借人の名義、所在地、面積、契約期間、地代などを確認
動産	自動車	● カギ、車検証、自賠責保険証明書、各種税金の納付書 →車検期間、税金の納付履歴などを確認
	書画・骨董	● 鑑定書 →買取査定の目安などを確認
	貴金属	● 鑑定書 →買取査定の目安などを確認
	高級腕時計	● 鑑定書 →買取査定の目安などを確認
	楽器	● 鑑定書 →買取査定の目安などを確認

Q24 不動産や動産で売っていいもの、売ってはいけないものはなんですか？

A 値上がりが見込めるものの売却はさけよう！売る場合は複数の業者から見積もりを取る。

換金性のある動産や不動産は、生前に売却して現金にしておけば、自分が亡くなった後の相続手続きがスムーズに運びます。**動産を処分するなら、まずはいらなくなった家財（着物、本やCD・DVD、ブランド品、自動車、家具、家電など）を売るといいでしょう。**

問題は不動産。自宅を相続財産（遺産）として遺すべきか、生前に売却すべきか悩むところです。**自宅に自分と配偶者しか住んでおらず、ともに近い将来、高齢者住宅や老人ホームへの住み替えを検討しているなら、適切なタイミングで自宅を売却したほうがいいでしょう。**また、子供などが自宅に住みつづける意思がない場合も、生前に自宅を売却するのが得策です。

当然のことですが、自宅に子供や孫が同居している場合は、安易に売却を考えてはいけません。

なお、2022年から世界各国でインフレ（物価上昇）

売っていいもの、売ってはいけないもの

不動産

売っていいもの	売ってはいけないもの
● 将来、自分も配偶者も子供も**住む予定のない自宅** ● 将来、子供が相続しても**使う予定のない田畑、山林** ● 価格下落が懸念される**投資用物件**	● 子供や孫が同居しており、**将来も住みつづける予定の自宅**

動産

すぐに売っていいもの	すぐに売ってはいけないもの
● いらなくなった**家財**（着物、本やCD・DVD、家電、ブランド品、自動車など）	● **貴金属**（金・宝石） ● 高名な芸術家の**書画・骨董**

を抑えるために政策金利の引上げが始まり、日本でも長期金利が上昇しはじめました。このまま金利上昇が続くと、近い将来に不動産価格が下落する可能性があるといわれています。自宅以外に投資用物件（賃貸アパート・マンション）を持っている人は、長期保有するか、早めに売却するかを慎重に判断する必要があるでしょう。

ところで、動産ですぐに売却しないほうがいいのは、価格上昇が見込める貴金属です。特に、国内の金の価格は過去50年で約7倍、過去15年で約2倍に上昇しており、長く保有するほど価値が高くなる傾向があります。

また、高名な芸術家の骨董《こっとう》も価値が安定しているうえ、希少性が高いのでオークションに出品すると驚くほど高額な値段で落札されることがあります。そのように貴重な骨董品、書画などの美術品はすぐに売るのではなく、長く保有したほうがいいかもしれません。

書画・骨董を売る場合は、古物商に依頼して真贋《しんがん》（本物なのか偽物なのか）や価値を鑑定したうえで、買取価格の見積もりを出してもらいましょう。買取価格は業者ごとに差があるので、複数の古物商に見積もりを依頼して相場を確かめることが肝心です。

Q25 親が亡くなると家や土地などを相続した子供は二重課税されるって本当？

A **相続した不動産に相続税が課され、売却すると所得税などが課されることがある。**

まず、親から子供が不動産を相続すると、相続税がかかることがあります。相続税は、すべての相続財産の評価額から基礎控除（3000万円＋600万円×相続人の数）や各種控除を引いて計算します。控除内に収まらなければ、相続税がかかります。

次に、**相続した不動産を親がこれを取得した日から5年以内に売却すると「短期譲渡所得」とされ、所得税30％、住民税9％、復興所得税（所得税額の2・1％）の合計39・63％もの重税がかかります。**一方、親の取得日から5年たってから売却した場合は「長期譲渡所得」とされ、所得税15％、住民税5％、復興所得税（所得税額の2・1％）の合計20・315％が課税されます。

Q26 複数の土地を持っています。いくつか売却して現金化すべきですか?

A 現金化したほうが相続はスムーズにいくが、多額の税金が課されることもある。

自宅の敷地だけでなく、田畑、山林、駐車場(あるいはコインパーキング)や借地として賃貸している土地など、複数の土地を持っている人もいるでしょう。

田畑や山林は、後継者となる子供などが農業や林業に従事していない場合には売却したほうがいいかもしれません。使う予定がない土地を相続しても、相続人はこれを処分するのに相当苦労するでしょう。

また、**駐車場や借地として貸している土地は、たとえ賃借人との契約期間が残っていても第三者(譲受人)に売却することが可能です。子供などが、賃貸駐車場や借地の管理を望まない場合は売却するといいでしょう。**

生前に複数ある土地のうち不要なものを売却して現金にしておけば、自分の死後、相続人どうしで行う遺産分割協議は断然スムーズに運びます。

ただし、譲渡所得(土地の売却額から取得費、譲渡費用を引いた所得)が発生すると課税されることがあるので注意が必要です。具体的には、長期譲渡所得(Q25参照)の場合、譲渡所得の20・315%(所得税15・315%、住民税5%)が課税されます。

不要な田畑や山林は売却

田畑や山林は相続しても管理が大変。後継者が農業や林業に従事していないなら、生前に売却したほうがいい。ただし、田畑は宅地に転用(農地転用)することもできる。

Q27 広い土地を持っています。分筆しておくと相続がらくになると聞きましたが？

A 費用はかかるが、相続手続きが簡単になるうえに相続税が安くなるケースもある。

不動産は、簡単に分けられない相続財産（遺産）です。そのため、相続人が複数いる場合は、預貯金の相続を減らして一人だけが不動産を相続したり（現物分割）、売却して現金を分配したり（換価分割）、不動産の相続分を現金で代償したり（代償分割）、全員で共有したり（共有分割）することが主に行われます（Q31参照）。

実は、もう1つ有効な不動産の相続方法があります。それは、土地の「分筆」による遺産分割です。

分筆とは、1つ（一筆）の土地を複数に分けて登記をすること。つまり、相続人の数と相続割合に合わせて土地を分筆すれば、簡単に遺産分割ができるわけです。

しかも、広い土地を200平方メートル以下に分筆すれば、「小規模宅地等の特例」が受けられ、固定資産税、都市計画税が大幅に軽減されるという利点もあります。

また、土地の分筆は、登記名義人である被相続人（故人）の死後に相続人が手続きすることもできます。

境界が確定していないと分筆できない

土地の分筆には、いくつか注意点があります。

まず、分筆するためには、分筆対象の土地と隣地の境界が確定していなければなりません。確定していない場合は、測量などを行って境界標を設置します。

次に、宅地として利用するために分筆する場合は、地域ごとに決められている「敷地面積の最低限度」よりも数倍の広さが必要です。例えば、相続人が2人で、敷地面積の最低限度が120平方メートルなら、分筆前の土地の広さは240平方メートル以上なければなりません。

さらに、分筆の手続きは土地家屋調査士に依頼しますが、法務局・役所での調査・資料収集、分筆案の作成、測量、境界標の設置、登記申請などで数十万円、あるいは100万円以上の費用がかかります。また、建物を解体・撤去して更地にする場合は、その費用も必要です。

Q28 老夫婦のみで古い家に住んでいます。自宅は放置したままでいいですか？

A 空き家が今大問題。古い自宅をどうするか、別居している子供とよく相談を！

子供が全員独立して実家から離れて暮らしている場合、老夫婦だけ、あるいは、ひとり暮らしのケースがほとんどです。**元気なうちはいいのですが、要介護になって施設に入居したり、病気で入院したり、亡くなってしまったりすることも考えられます。**

そうなったら、親だけが暮らしている古い家は、ほぼ間違いなく「空き家」になります。実は近年、老朽化した一戸建てを相続しても住まない人が多く、空き家が急増して社会問題になっているのです。

空き家のまま放置すると倒壊のおそれがあるほか、地域の景観を損なったり、衛生上の問題が発生したりすることがあるため、国も対策に乗り出しています。

2015年には「空き家対策特別措置法」が施行され、有害な「特定空き家」に指定されると税金が高くなることになりました。具体的には、特定空き家に指定されると、土地の固定資産税などを減額する「小規模宅地等の特例」（Q27参照）が適用されなくなるのです。

親だけが古い家に住んでいる場合は、早めに家族どうしで話し合って対策を講じておくべきでしょう。

空き家の放置で重税がかかる

特定空き家に指定されると、小規模宅地等の特例は適用されない。その結果、小規模住宅用地（敷地面積200平方メートル以下）の場合、固定資産税は6倍、都市計画税は3倍になる。

Q29 親が子供に不動産を安く売ると贈与税がかかると聞きました。やめるべき？

A 税務署に「みなし贈与」と判断され、高い贈与税がかかることがあるので要注意！

　贈与とは、無償で財産を個人からもらうことです。個人からの贈与の総額が年間110万円（基礎控除額）を超えた場合、贈与を受けた人に「贈与税」がかかります（法人から財産をもらう場合には所得税がかかる）。

　贈与税は、主に夫婦、親子、兄弟姉妹など血縁者の間での贈与にかかる税金なので注意が必要です。親が子供に不動産を継がせたいからといって安易に所有権移転登記（無償で譲渡）を行うと、その時価から110万円を差し引いた金額に贈与税が課されてしまいます。

　では、**無償で譲渡するのではなく、格安で売った場合はどうなのでしょうか。例えば、親が子供に時価2000万円の価値がある不動産を100万円で売ったようなケースです**（下の図参照）。

　このように、子供が著しく低い価格で不動産を購入した場合には「みなし贈与」と税務署に判断され、贈与税が課されます。

　みなし贈与とは、法律上では贈与による取得財産に該当しなくても、実質的に贈与と同じような利益を受けたと見なされることをいいます。

　問題は著しく低い価格が、どれくらいの水準かです。

みなし贈与の例

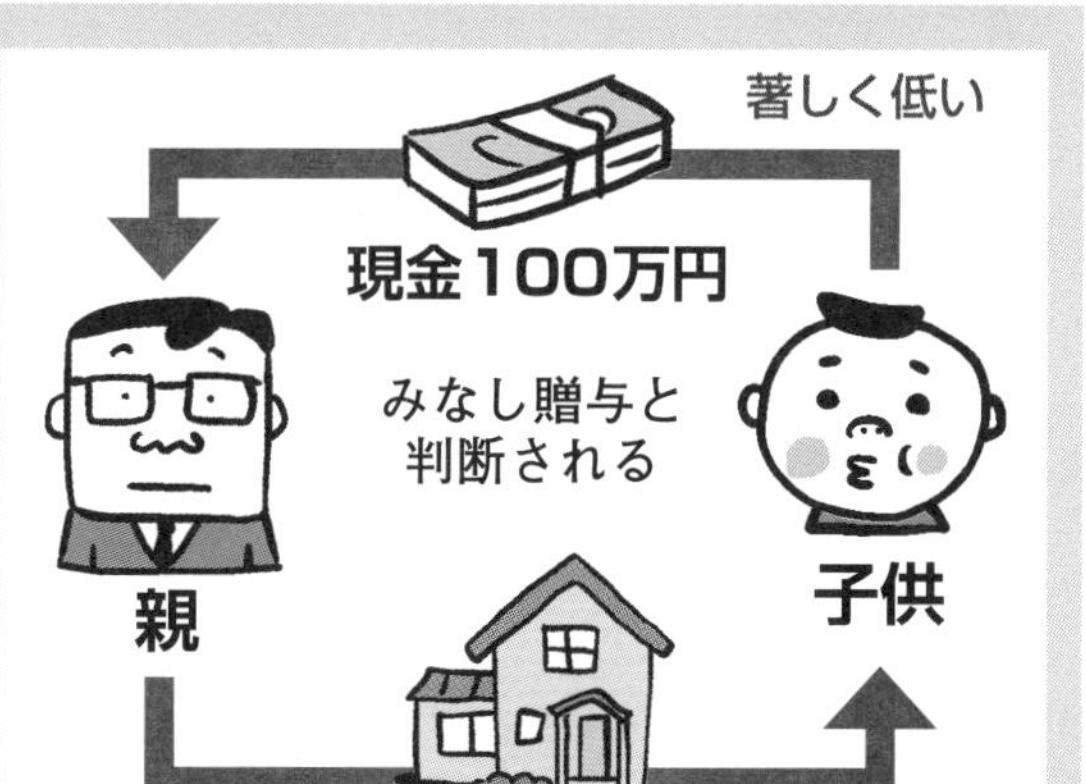

　親が子供に不動産を著しく低い対価で売った例。不動産の時価は2,000万円（1,600万円以上が適正）だが、子供は100万円しか支払っていないので、みなし贈与と判断される。

裁判所の判例では、不動産の場合で時価公示価格と同水準から80%以上とされています。これを基準にすると、時価2000万円の不動産を子供に有償で譲渡する場合、適正な対価は1600万円以上であり、それ以下で譲渡したら、みなし贈与ということになります。

ちなみに、みなし贈与が成立するのは、あくまで個人間における直接的な取引のみです。当然ですが、会社などの法人のビジネスや、不特定多数の人が参加する上場株の取引などでは、みなし贈与は成立しません。

生命保険の名義変更などにも要注意！

みなし贈与は、なんらかの利益を得ることで気づかないうちに成立することがあります（下の表参照）。

特に気をつけなければならないのは、生命保険の名義変更です。例えば、夫が加入している生命保険の契約者を途中で妻に変更したりすると、みなし贈与と判断されてしまいます。このような場合は、死亡保険金、満期保険金などが支払われるタイミングで相続税や贈与税が課税されます。

被相続人（故人）が契約者となっている死亡保険金には、贈与税ではなく相続税が課されますが、この保険金を法定相続人が受け取った場合は1人当たり500万円まで相続税が非課税となります。一方、みなし贈与として死亡保険金を500万円受け取ると48・5万円（特例贈与の場合、Q75参照）の贈与税が課税されます。

個人間で110万円以上の利益を得る場合は、税理士に相談することをおすすめします。

みなし贈与が成立するケース

- 不動産を著しく安い対価で売買した場合
- 株式（非上場）を著しく安い対価で売買した場合
- 高額な動産を著しく安い対価で売買した場合
- 生命保険の契約者、受取人を名義変更した場合
- 無利息でお金を貸し借りした場合
- 離婚の財産分与の割合があまりに多い場合
- 納税義務を肩代りした場合
- 借金などの債務を減額・免除した場合
- 一時的に多額の現金を個人に預けた場合

Q30 夫が亡くなると妻は住む家を失ってしまうのですか？

主な財産は自宅だけ。

A 他の相続人に自宅が相続されても配偶者は居住権を確保でき相続後も住みつづけられる。

これまで、配偶者を亡くした妻（寡婦《かふ》）、あるいは夫（寡夫）が、相続問題で自宅に住みつづけられなくなるケースが多々ありました。

例えば、亡くなった夫の財産が自宅しかなく、相続人が妻だけでなく複数人いるような場合です。夫が再婚で前妻との間に子供がいて遺産分割協議が難航し、不動産を売却しなければならなくなったケースもあります。

そんな中、2018年に改正相続法が成立し、「配偶者居住権」が新設されました（2020年施行）。

これは、夫婦の一方が亡くなった場合に、残された配偶者が、被相続人（故人）の所有していた建物に無償で居住できる権利です。これによって寡婦または寡夫は一生、あるいは一定期間、自宅に住みつづけられることになりました。ちなみに、配偶者居住権の成立要件は、①残された配偶者が被相続人の法律上の配偶者であること（内縁は不可）、②被相続人が所有していた建物に死亡当時居住していたこと、③遺産分割、遺贈、死因贈与、家庭裁判所の審判で決定することです。

相続するのは建物の居住権のみ

ところで、配偶者居住権の趣旨は、寡婦または寡夫が自宅に住む権利を主張するというよりも、建物の価値を「所有権」と「居住権」に分けることにあります。

以前は、相続人が複数いる中で自宅に住みつづけるためには不動産の所有権を相続しなければならず、預貯金などの相続分を減らす必要がありました。ところが、建物の価値が所有権と居住権に分けられたことで、寡婦または寡夫は所有権を他の相続人に譲っても居住権のみ相続すれば自宅に住みつづけることができ、その分、預貯金などを多めに相続できるようになったのです。

特に、年金暮らしの高齢者にとって配偶者居住権は、老後生活の基盤が保てる心強い制度といえるでしょう。

Q31 共有名義の不動産は相続トラブルが特に多いそうですが、どんな対策が必要？

A 不動産は数人で共有しないのが相続の鉄則。共有分割をさけるなら遺言書の作成を！

不動産の相続は、一般的に①現物分割→②代償分割→③換価分割の順に検討されます（下の表参照）。一定以上の広さの土地なら、分筆も可能です（Q27参照）。

しかし、**遺産分割協議の結果、①〜③の分け方で話がまとまらず、分筆もできない場合、最終手段として「共有分割」を選ぶことがあります。**これは、複数の相続人が共有名義で所有権登記を行うやり方です。

共有分割が不動産の分け方の最終手段とされているのは、トラブルが起こりやすいからにほかなりません。

共有となった不動産は、保存行為（修繕）は単独でできますが、管理行為（賃貸など）は過半数の同意、変更行為（売却・増改築）は全員の同意が必要になります。しかし、遺産分割協議がうまくまとまらなかった共有者どうしが、後々、仲よく歩み寄れるとは考えにくく、トラブルが多発します。こうしたことから、「不動産は共有しないことが鉄則」とされています。

共有分割をさけるためにも、不動産を所有する被相続人（故人）が生前に遺言書を作成し、「相続人の○○に相続させる」などと明記しておくといいでしょう。

不動産の分け方の種類

現物分割	→財産をそのまま相続する分け方。不動産は１人が相続。ほかの相続人は金融資産や動産を相続する
代償分割	→現物分割では法定相続分どおりにならない場合、多く相続した人が差額分の債務を負う分け方
換価分割	→不動産を売却し、現金を各相続人に分配する分け方。売却は、相続人のうち１人が相続登記をして行う
共有分割	→不動産を複数の相続人の共有名義にすること。現物分割・代償分割・換価分割が困難な場合の最終手段
分筆	→一定の面積がある１つの土地を複数に分けて登記し直し、各相続人が分筆された土地を相続する方法

Q32 借地権のある不動産を持っています。生前に売却しても問題ありませんか？

A 借地権の売却はトラブルが多い。売却せず、相続財産として遺したほうが無難。

借地権は、地主と賃貸借契約を結び、30年以上にわたって地代を払いながら土地を利用する権利です。

借地権は、地主が承諾すれば売却できます。しかし、地主が新しい借地人を不審に思い、承諾を得られないケースも多いようです。地主が承諾しなければ、裁判所が代わりに譲渡許可を与えることもできますが、これは地主に不利益が生じない場合に限られます。

なお、承諾を得られた場合は、地主に譲渡承諾料（借地権価格の10％程度）を支払わなければなりません。

このように**借地権の売却は面倒なことが多いので、地主から売却を頼まれるなどの好条件がないかぎり、相続財産として遺したほうがいいでしょう。**

Q33 車は元気なうちは乗りつづけたい。放置しておくと相続税はかかりますか？

A 相続税はかかるが、すぐ売却する必要はない。運転免許返納まで持つという選択肢も！

自動車には、相続税の評価額についての算出規定は特にありません。そのため、**中古車市場の売買実例価格や、減価償却（耐用年数省令の規定）などから評価額を計算し、5万円を超えた場合には相続税の課税対象として課税遺産総額（Q35参照）に算入**されます。

もっとも、自動車の法定耐用年数は意外に短く、普通自動車は6年、軽自動車は4年です。その期間を超えて自動車を所有しているなら、課税対象になることはほとんどないと考えていいでしょう。

いつまで乗りつづけるかの判断は人それぞれですが、維持費が負担でなければすぐ売却せず、運転免許返納まで自動車を維持するのもいいのではないでしょうか。

Q34 車を売却したい。売却に必要な書類と税金について教えてください。

A 必要書類は普通自動車と軽自動車で異なる。利益が出た場合は所得税がかかることも！

買取店で自動車を売却する場合、**店側が移転登録申請などの手続きを代行してくれます。**

売り手は、店側が用意する委任状や譲渡証明書を提出します。そのほか、車検証、自賠責保険証、リサイクル券の預託証明書、自動車税（軽自動車は軽自動車税）の納税証明書、実印（軽自動車は認印でも可）、印鑑証明書（軽自動車は不要）をそろえます（下の表参照）。

ほかにも、引っ越しの多い人や結婚して名字が変わった人は、車検証に記載されている氏名・住所を確認するため、住民票や戸籍謄本《とうほん》、住民票の除票、戸籍の付票の提出が必要になることもあります。なお、任意保険の解約は買取店でやってもらえないので、売り手が保険会社に連絡して手続きしなければなりません。

自動車の売却は、中古車として転売する以外に、廃車を前提にしていることもあります（事故車など）。廃車でも数千円から数万円の査定がついたり、自動車税や自賠責保険の過払い分が月割で還付されたりすることがあるので買取店に確認しましょう。

まれにですが、売却額が買った値段よりも高くなることがあります。その場合は所得税（総合課税の譲渡所得）がかかります。

自動車の売却に必要なもの

普通自動車

- 委任状、譲渡証明書（店側が用意）
- 車検証
- 自賠責保険証
- 自動車税の納税証明書
- 実印
- 印鑑証明書
- 住民票・戸籍謄本（必要に応じて）など

軽自動車

- 委任状、譲渡証明書（店側が用意）
- 車検証
- 自賠責保険証
- 軽自動車税の納税証明書
- 認印
- 住民票・戸籍謄本（必要に応じて）など

Q35 貴金属・宝飾品・書画・骨董など価値ある品が多くあります。売却すべきですか？

A 値上がりしそうなものは保有するのが得策。現金が必要なら、不要なものから売却を！

貴金属や宝飾品、書画、骨董《こっとう》は、売らないほうがいい場合もあれば、売ったほうがいい場合もあります。

まず、**売らずに相続財産（遺産）として遺したほうがいいのは、1点当たりの評価額が5万円以下のものです。相続した5万円以下の動産は個別の課税対象とはならず、「家財一式」に加えていいことになっています。**

家財一式は厳密に算出する必要がなく、全体を概算で安く評価するため、相続税を節税できるのです。

実際のところ、一般家庭で時価が5万円を超えるものは、そんなに多くはありません。たいていは、家財一式に含まれることになると考えていいでしょう。

遺産総額などを考慮して遺すものを選ぶ

では、**逆に評価額が高く、数十万円、あるいは数百万円の価値があるものはどうでしょうか。そのように高額な貴金属や骨董は、さらなる値上がりが期待できるので、すぐに売らず長く保有したほうが得策です。**

ただし、5万円を超える遺産は「課税遺産総額」に算入されます。課税遺産総額とは、相続税の課税対象となる被相続人（故人）が遺した財産の総額のことです。

相続税は、課税遺産総額から基礎控除（3000万円＋600万円×法定相続人の数）などを差し引き、それに所定の税率を掛けて算出します。課税遺産総額が増えると相続税も高くなるので、相続人が無理なく納税できるかどうかを試算しておくことが肝心でしょう。

中には、市場の取引事例が1000万円を超える書画や骨董を所有している人もいますが、高額なものが相続財産にあると課税遺産総額が増え、相続税の負担が重くなることがあるので要注意です。

価値ある書画や骨董については所有者のこだわりも強いので、簡単には手放せないかもしれません。そのような場合は税理士に相談し、相続人に遺すのか、生前に売却するのかを慎重に判断してください。

売却すれば老後資金に充てられる

次に、貴金属や宝飾品、骨董などを相続財産として遺さずに売ってしまったほうがいい場合というのは、手持ちの現金に余裕がないケースです。

都市部の土地長者などもそうですが、高額な不動産を所有しているわりに現金が少なく、地味に暮らしている人は意外に多いものです。貴金属や骨董をたくさん持っていても、爪に火を灯す生活では本末転倒でしょう。また、高齢者は治療費や介護費、亡くなった後の葬儀費用も念頭に置いて老後資金を用意する必要があります。

今の貯蓄額や、年金だけでは老後生活が心細いという人は、換金性の高い動産の中から不要なものを優先的に売却し、現金化することをおすすめします。

とりわけ現金化しやすいのは、金やダイヤモンドなどの宝石です。実物資産として確かな価値があるうえ、世界じゅうで買取相場が年々上昇しているので、高価格で売却できます（ただし、できれば保有しておきたい）。

一方、書画や骨董は価値が千差万別であり、真贋《しんがん》や希少性で評価額が大きく左右されます。有名な絵画と思い込んでいたのに、鑑定に出したら偽物で二束三文だったというのはよくある話です。

書画や骨董を売却するさいには、信頼できる古物商に鑑定してもらい、実際の価値を確かめることが重要です。高額な作品は、複数の業者へ鑑定に出し、買取額の見積もりを出してもらいましょう。

骨董は鑑定してもらう

書画や壺、絵画などの骨董を売却する場合、真贋はどうか、どれだけの価値があるのかを古物商で鑑定してもらう必要がある。そのうえで買取額の見積もりを出してもらう。

第4章

万一に備える生前手続き①

保険・医療・介護・年金についての疑問14

▶Q36〜49◀

回答者

佐藤正明税理士・社会保険労務士事務所所長
税理士 社会保険労務士 日本福祉大学非常勤講師
佐藤正明《さとうまさあき》

後見制度や家族信託を使えば生前整理に役立つうえ認知症への備えも万全！

大平ミネ（88歳）
ボ〜ッ
母さん最近変だな
認知症かも病院で診てもらう？
長男・良太
長男の妻・恵子
ミネの夫・卓朗（故人）
父の遺産があるし…オレオレ詐欺《さぎ》とか心配だ
ヒソヒソ
現金も隠してるみたい
聞こえてますよ
成年後見制度を利用するのがおすすめじゃ！
ジャーン
終活博士
成年後見制度って認知症の人を保護する制度だろ
母さんはまだ認知症と決まったわけじゃ……
その場合でも任意後見制度なら利用できる
ミネさんの判断能力が落ちる前に弁護士などの専門職と後見契約を結ぶことができその後見人に財産管理や法的手続きを代行してもらえるのじゃ

専門職じゃなくて おれが後見人に なれない？
可能じゃが かなり手間が かかる
ただ費用は 大幅に削減 できるのぉ
後見制度を 使えば 生前整理・手続きも うまく進むじゃろ
家族信託って 最近よく聞くけど 後見制度と どう違うの？
ひと言でいうと 後見制度は 後見人を裁判所が 決めるのに対し
家族信託は 信託契約によって 家族の中から 財産管理人を 決める
一般的に 家族信託のほうが 費用は安くなる メリットとデメリット を比べて選ぶといい
契約後に考えが 変わったとしても 心配いらん どちらも途中で 解除が可能じゃ
実は母さん 相談が……
全部 聞いてたって
契約を結んで くれると おれたちも 安心だ
お母さん 明日病院に行き ましょうか？
聞こえない 聞こえない

Q36 生命保険にいくつも加入していますが、生前に見直しておくべきですか？

A 無駄な保険や保障は意外と多い。保険の見直しを慎重に進めればメリット大！

日本人は生命保険の加入率が高く、多くの人が複数の保険に加入しています。中には「なんとなく」「つきあいで」「すすめられて」といった消極的な理由で加入した保険があるのではないでしょうか。

年齢を重ねると必要な保障も変わります。保険を見直し、保障内容が重複している保険は解約、または別の保険への乗換えを検討しましょう。ただし、予定利率が5％台前後だった1993年以前の保険は「お宝保険」とも呼ばれ、そのまま継続すべきです。

別の保険への乗換えを行うさいは、保険会社がすすめる「転換」に要注意です。保険会社では「契約中の保険を下取りし、新しい契約の保険料に充てるので保険料が抑えられます」などと説明しますが、実際は解約返戻金を保険料の一部に充てるケースが多く、自分で保険料を補填《ほてん》しているだけのこと。これから先の人生でどんな保障が必要なのか、よく検討することが大切です。

❶終身保険の見直し

◆死亡保険金（保障額）を下げられないか

教育費や住宅ローンの返済などが終われば高額な死亡保険金は不要になります。自分の葬儀費用を賄えるくらいの保障額（200万～300万円）で十分でしょう。

◆保険料はいつまで払うのか（払込期間の確認）

保険料の払込期間には「有期」（60歳・65歳まで、あるいは10年間・15年間など）と「終身」（一生涯）があり、保険（保障）期間とは必ずしも一致しません。

年金暮らしになっても本当に継続する価値のある保険なのか、保障内容を吟味し、重複した保障がある場合は解約を検討しましょう。

◆保障されるのはいつまでか（保険期間の確認）

保険会社が保障を開始してから終了するまでの保険期間の確認が必要。この期間内に死亡や入院などの支払事由が発生した場合にのみ保険金が支払われます。

注意したいのは、保険料の払込期間が65歳までなどと設定された終身保険（主契約）に「特約」を付加しているケースです。例えば、65歳で払込みが終了する終身保険に医療特約を付加した場合、医療特約の保険期間が65歳で終わる保険があります。この特約を80歳まで継続するには、主契約の保険料の払込みが満了した時点で、特約の15年分の保険料を一括して前納（または分割）で払い込む必要があり、一括前納する場合にはまとまった金額が必要になります（上の図参照）。

終身保険に医療特約を付加した例（65歳払込満了）

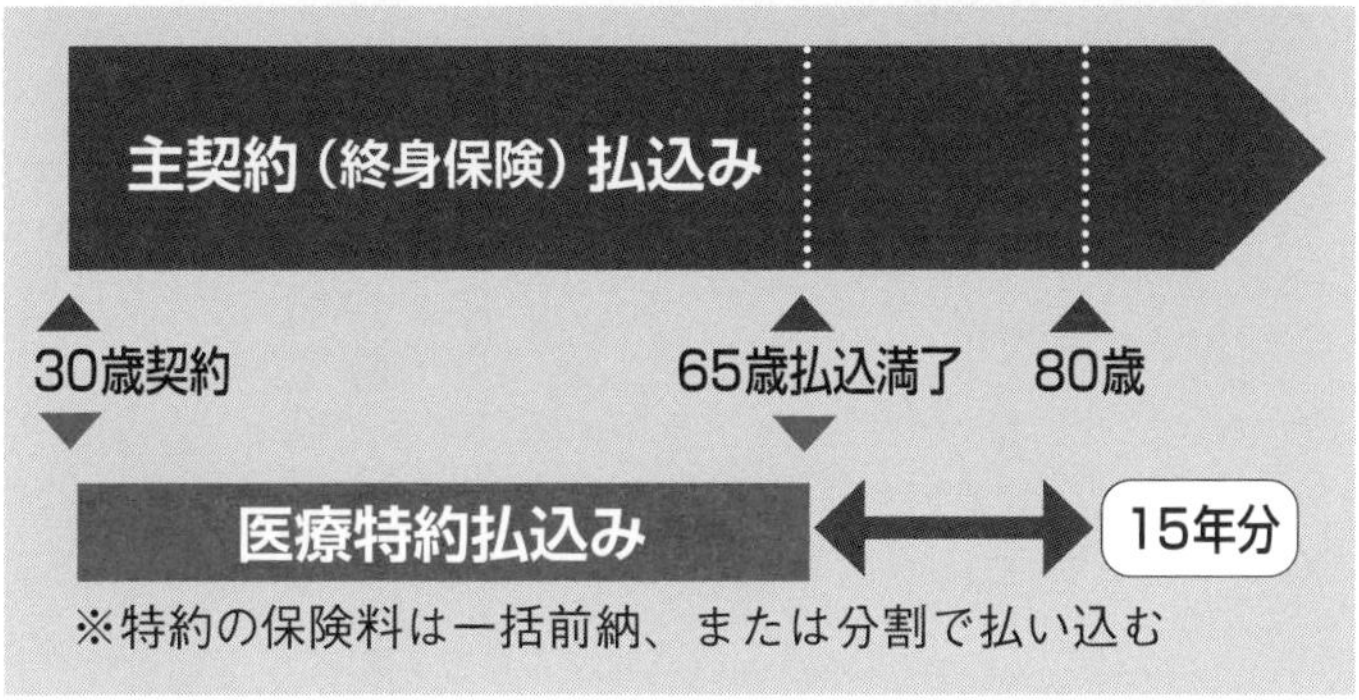

主契約（終身保険）払込み
30歳契約
65歳払込満了
80歳
医療特約払込み
15年分
※特約の保険料は一括前納、または分割で払い込む

❷定期保険の見直し

70歳まで、あるいは15年間など、一定期間だけの死亡保障が得られる定期保険は、終身保険に比べて保険料が安い、特定期間の保障を手厚くできるなどのメリットがあります。一方、定期保険は掛捨てなので貯蓄性がなく、更新すると保険料が高くなります。

保険の見直しを行うさいは不要な主契約や特約の解約、保障額の減額などを検討し、保険に加入する場合はニーズに合った他社商品への乗換えも検討しましょう。

生命保険（死亡保障）の見直しのポイント

項目		ポイント
終身保険	保障額	◉高額な死亡保険を減額すれば保険料を下げられる ◉葬式費用に充てるなら200万～300万円でOK
	払込期間	◉保険料の終身払いの負担を考えて保障内容を再検討
	保険期間	◉終身保険に付加した医療特約などの保険期間を確認 ◉特約の継続を望む場合、追加の保険料が必要になることも
定期保険（掛捨て）		◉更新するなら不要な特約の解約、保障額の減額を検討 ◉ニーズに合った他社の保険への乗換えも選択肢

Q37 生命保険の給付金が自分で使える「生前給付保険」は、生前整理に役立ちますか？

A 特定の病気でないと給付金をもらえないなどデメリットも十分に考慮しながら検討を！

生前給付保険のメリット・デメリット

メリット	◉保障範囲が広い（がん・急性心筋梗塞・脳卒中・死亡・高度障害など） ◉受け取った生前給付金の使いみちは自由 ◉解約返戻金がある（受け取ると保障はなくなる） ◉生前給付金は非課税
デメリット	◉一部のがんは支給事由にならないことがある ◉給付を受けると保険自体が終了となる ◉使い切れずに残った生前給付金は相続税の対象になる

「生前給付保険」とは、3大成人病（がん・急性心筋梗塞《こうそく》・脳卒中）をはじめとする特定の病気になった場合、死亡保険金や高度障害保険金と同額の保険金（生前給付金）を生存中に受け取れる保険のことです。

生前給付金の支払事由は、初めてがんと診断されたとき、急性心筋梗塞・脳卒中で所定の高度障害の状態になったときなどで、該当する特定の病気でないと支払われません。一般的な死亡保険金の大半は遺された家族のために支払われますが、生前給付金は被保険者が自分のために自由に使えます。

生命保険では、保険料負担者と被保険者が同じなら死亡保険金に「法定相続人の数×500万円」の非課税枠が使えます。ところが生前給付金の場合は、この非課税枠に関係なく、全額が非課税となります。なお、使い切れずに残った分は相続税の対象になります。

一般的な生命保険の中にも、主契約に「リビングニーズ特約」を付加（無料）することで、生きているうちに保険金を受け取れるものがあります。この保険の支払事由は「3大疾病かつ余命6ヵ月以内」と診断された場合などですが、主契約が満了する前の1年間は保険金が支払われません（一部の定期保険などを除く）。

どちらの保険の生前給付も、残された時間をどう生きるか、よく考えて契約すれば生前整理に役立ちます。

Q38 持病のある人も85歳まで加入できる「シニア向け医療保険」には加入すべきですか？

A 保険料は安いが、高齢者医療制度と貯蓄で医療費が賄えれば不要に！

高齢化が進む日本の現実を直視すれば、**シニア世代は「死亡リスク」より「生存リスク（医療・介護・認知症）」重視の保障にシフトすべきです。そうしたニーズをとらえた「シニア向け医療保険」があります。**

通常、保険に加入するさいには保険会社による審査があり、被保険者は健康状態や職業などを保険会社に「告知」する必要があります。それに対し「高齢でも加入できる」「持病があっても加入できる」というシニア向け医療保険は、審査条件や告知項目がゆるい（引受基準緩和型・限定告知型）、あるいは告知書の提出なしで加入できるタイプです（無選択型・無告知型）。

シニア向け医療保険は入りやすさを優先し、健康上のリスクが高くても加入できる代わりに、保険料は割高です。例えば、月額保険料が5000円で入院1日に5000円が給付される医療保険の中には、毎年12日間入院しないと元が取れないものもあります。

注意したいのは「保険料の支払い＝貯蓄の減少」ということ。毎月5000円ずつ積み立てれば1年で6万円、5年で30万円となります。これを自己負担額が1～3割ですむ公的医療制度の自己負担分に換算すると、100万～300万円の医療費を賄えるのです。

また、保険料の毎月5000円はスポーツジムなどへの支払いに充て、健康寿命を延ばすことに役立てるという選択肢《し》もあるのではないでしょうか。**民間の医療保険は、治療費以外の出費（差額ベッド代や交通費など）の備えくらいに考えておきましょう。**

シニア向け保険の特徴

	引受基準緩和型・限定告知型	無選択型・無告知型
加入時	審査基準がゆるい 告知項目が少ない	誰でも加入できる （年齢条件のみなど）
保険料	高め	高め

Q39 要介護になったときに備え、民間の介護保険に加入しておくべきですか？

A 国の介護保険を資金面で補う保険。ただし、要件外だと支給されないので、よく検討を！

公的介護保険は介護サービスそのものを提供するのに対し、民間の介護保険は「現金給付」です。

公的介護保険の利用時にかかる費用に対して経済的な安心感を得られるのがメリットですが、保険料の負担が余計にかかります。資金面で余裕がある人は、加入を検討する程度のスタンスでいいと思います。

そのさいは、給付要件をよく確認しましょう。公的介護保険に連動しているものと、保険会社独自の基準を設けているものがあるからです。公的介護保険で「要介護認定」を受けていても給付を受けられないケースがある一方で、公的介護保険の対象でなくても給付を受けられる可能性もあります。

Q40 国の医療保険制度で病院や薬局に払う医療費をどの程度まで賄えますか？

A 70歳以上なら、どんなに医療費が高くても自己負担の上限は月8000円の人もいる。

医療機関や薬局の窓口で支払う自己負担額は、加入する健康保険によって異なります。国民健康保険・健康保険制度の加入者は原則3割ですが、70～74歳は2割、後期高齢者制度に加入する75歳以上は1割（左ページの表参照）。ただし、2022年10月からは75歳以上の人も2割（一部の高所得者は3割）になっています。

さらに、「高額療養費制度」という優遇措置があり、自己負担額が1ヵ月（毎月1日～末日）の上限額を超えた場合は高額療養費制度の対象となり、上限額を超えた額が支給されます。上限額は年齢や所得で異なりますが、70歳以上の一般世帯の上限は5万7600円。したがって、医療費のかなりの部分をカバーできます。

高額療養費制度／所得区分と月単位の上限額

❶国民健康保険・健康保険制度

	所得区分　上段：国民健康保険　下段：健康保険	窓口負担	月単位の上限額		多数回該当条件
70歳未満	総所得金額の世帯合計 **901万円超** 標準報酬月額 **83万円以上**	3割	252,600円＋（医療費－842,000円）×1％		140,100円
	総所得金額の世帯合計 **600万円超** 標準報酬月額 **53万～79万円**		167,400円＋（医療費－558,000円）×1％		93,000円
	総所得金額の世帯合計 **210万円超** 標準報酬月額 **28万～50万円**		80,100円＋（医療費－267,000円）×1％		44,400円
	総所得金額の世帯合計 **210万円以下** 標準報酬月額 **26万円以下**		57,600円		44,400円
	住民税非課税		35,400円		24,600円
70～74歳	課税所得 **690万円以上** 報酬月額 **83万円以上**	3割	252,600円＋（医療費－842,000円）×1％		140,100円
	課税所得 **380万円以上** 平均報酬月額 **53万円以上**		167,400円＋（医療費－558,000円）×1％		93,000円
	課税所得 **145万円以上** 平均報酬月額 **28万円以上**		80,100円＋（医療費－267,000円）×1％		44,400円
			外来（個人）	世帯	
	課税所得 **145万円未満** 平均報酬月額 **26万円以下**	2割	18,000円	57,600円	44,400円
	住民税非課税Ⅱ		8,000円	24,600円	－
	住民税非課税Ⅰ（年金収入80万円以下）		8,000円	15,000円	－

❷後期高齢者医療保険制度

	所得区分	窓口負担	月単位の上限額		多数回該当条件
75歳～（後期高齢者医療）	現役並み所得Ⅲ 課税所得 **690万円以上**	3割	252,600円＋（医療費－842,000円）×1％		140,100円
	現役並み所得Ⅱ 課税所得 **380万円以上**		167,400円＋（医療費－558,000円）×1％		93,000円
	現役並み所得Ⅰ 課税所得 **145万円以上**		80,100円＋（医療費－267,000円）×1％		44,400円
			外来（個人）	世帯	
	一般Ⅱ　課税所得 **145万円未満** （同じ世帯の被保険者の中に課税所得28万円以上の人がいるなど一定条件に該当する場合）	2割	18,000円 または6,000円＋（10割分の医療費－3,000円）×10％のいずれか低い金額（年間上限144,000円）	57,600円	44,400円
	一般Ⅰ　課税所得 **145万円未満**	1割	18,000円	57,600円	44,400円
	住民税非課税Ⅱ		8,000円	24,600円	－
	住民税非課税Ⅰ（年金収入80万円以下）		8,000円	15,000円	－

※出典：厚生労働省ホームページ（一部改変）

Q41 国の公的介護保険で高齢者施設などに払う介護費をどの程度まで賄えますか?

A 各種の介護サービスが利用料の1~2割程度を自己負担することによって利用できる。

介護が必要な状態になると、市区町村の公的介護保険の窓口に申請して介護認定を受けます。この申請から認定の決定通知が届くまでに、1ヵ月程度かかります。

公的介護保険の介護サービスには、自宅で利用する(ホームヘルプサービスなど)、施設に入所して受ける(デイサービスなど)、地域密着型サービス(福祉用具の貸与など)があります。利用者は、ケアマネージャーが作成するケアプランに従って介護サービスを受けます。

利用者の自己負担は、原則として1割です。一定の所得がある人は2割または3割となります。また、介護度に応じた支給限度額があり、この上限を超えてサービスを利用した場合は自己負担となります。

要介護5の場合、1ヵ月当たりの支給限度額は36万2170円ですが、1割負担なら3万6217円。厚生労働省の調査では、要介護5の1人当たりの平均費用が限度額に占める割合は約65%。限度額を超えて利用する人は5・9%にすぎません(介護給付費実態調査)。

公的介護保険には負担を軽減する仕組みがいろいろ設けられており、同じ月の自己負担の合計額(同じ世帯内に複数の利用者がいる場合は世帯合計額)が高額になり、一定の限度額を超えたときは「高額介護(介護予防)サービス費」として払い戻されます。限度額は所得によって異なり、福祉用具購入費や住宅改修費の自己負担額、居住費(滞在費)、食費や日常生活費、個室代などは対象になりません。

また、多くの人が医療も必要なため、同一世帯内の利用者の、公的介護保険と公的医療保険の1年間の自己負担の合計額が年間の限度額を超えた場合に超過分が支給される「高額医療・高額介護合算制度」があります。

介護サービス費の多くは公的介護保険でカバーできますが、介護費用の総額は在宅介護か施設介護か、どの施設に入所するかによって大きく変わってきます。

公的介護保険の支給限度額と自己負担額

	支給限度額（月間）	1割負担の場合	2割負担の場合	3割負担の場合
要支援1	50,320円	**5,032円**	10,064円	15,096円
要支援2	105,310円	**10,531円**	21,062円	31,593円
要介護1	167,650円	**16,765円**	33,530円	50,295円
要介護2	197,050円	**19,705円**	39,410円	59,115円
要介護3	270,480円	**27,048円**	54,096円	81,144円
要介護4	309,380円	**30,938円**	61,876円	92,814円
要介護5	362,170円	**36,217円**	72,434円	108,651円

高額医療・高額介護合算制度の自己負担限度額

● 70歳以上の人

※国民健康保険＋介護保険の場合の自己負担限度額

所得区分	所得要件	自己負担限度額
現役並み所得者Ⅲ	70歳以上の国民健康保険被保険者（以下「高齢者」）に現役並みの所得（住民税の課税所得が**690万円以上**）のある人が1人でもいる世帯	年間**212万円**
現役並み所得者Ⅱ	70歳以上の国民健康保険被保険者（以下「高齢者」）に現役並みの所得（住民税の課税所得が**380万円以上**）のある人が1人でもいる世帯	年間**141万円**
現役並み所得者Ⅰ	70歳以上の国民健康保険被保険者（以下「高齢者」）に現役並みの所得（住民税の課税所得が**145万円以上**）のある人が1人でもいる世帯	年間**67万円**
一般	低所得Ⅰ、低所得Ⅱ、現役並み所得者のいずれにも当てはまらない	年間**56万円**
低所得者Ⅱ	住民税非課税世帯	年間**31万円**
低所得者Ⅰ	住民税非課税世帯で、世帯全員に所得がない世帯	年間**19万円**

● 70歳未満の人

※国民健康保険＋介護保険の場合の自己負担限度額

所得区分	所得要件	自己負担限度額
ア	所得金額**901万円超**	年間**212万円**
イ	所得金額**600万円超901万円以下**	年間**141万円**
ウ	所得金額**210万円超600万円以下**	年間**67万円**
エ	所得金額**210万円以下**	年間**60万円**
オ	世帯主および国民健康保険加入者全員が住民税非課税	年間**34万円**

※低所得者Ⅰは公的年金控除額を80万円として計算。2021年8月診療分以降。
給与所得を含む場合は10万円を控除して計算。出典：厚生労働省ホームページ

Q 42 在宅介護と施設介護のどちらにするか迷っています。どちらを選んだらいい？

A 在宅介護は家族の負担が大変。施設介護と比較するなどして家族とよく相談を！

介護が必要になった要介護者の多くは、住み慣れた我が家での「在宅介護」を望みます。しかし在宅介護は家族などの介護者の負担が大きく、介護に関わる人全員の協力や話し合いが欠かせません。また、病状の悪化などの不測の事態への対応が難しく、特に認知症が進むと家族の負担は増大します。

その一方、家族にしかわからない要介護者の意向を汲み取ることはできます。介護の自由度も高く、必要な介護サービスを選択できます。

それに対して「施設介護」なら介護者の負担は軽減され、介護のプロが見守る安心感があり、万が一の体調の急変にも対応してくれます。スタッフや他の入居者と接触する機会が増え、会話やレクリエーションを通して認知症の予防や改善効果も期待できます。

とはいえ、施設介護では多額の費用が必要になります。どの施設を選ぶかにもよりますが、手厚い介護を希望すればするほど多くの費用がかかります。また、第三者とのふれ合いも、要介護者の性格によってはストレスを感じてしまうかもしれません。

経済的負担と精神・身体的不安のどちらを取るかという難しい選択ですが、在宅介護を行ったうえで、対応が難しくなったら施設介護に移行するというケースが多く見受けられます。介護の希望を家族に伝え、よく話し合って決めることが大切です。

在宅介護と施設介護のメリット・デメリット

	メリット	デメリット
在宅介護	◉家族ならではの介護ができる ◉介護の自由度が高い	◉介護者にかかる負担が大きい
施設介護	◉介護のプロが見守ってくれる ◉体調の急変に対応してくれる ◉人との接触が増え、認知症の予防・改善が期待できる	◉多額の費用がかかる ◉人との接触がストレスになってしまう場合がある

Q43 介護をしてくれている長男の嫁に遺産を渡したい。遺言書は必要ですか？

A **長男の嫁は法定相続人ではない。介護のお礼で遺産を渡すなら、必ず遺言書の作成を！**

民法では「寄与分」を定め、被相続人（故人）の事業上の労務提供、財産の給付、被相続人の療養看護などの方法により被相続人の財産の維持または増加について特別に貢献をした共同相続人は、本来の相続分を超える財産（寄与分）を取得できる、としています。

寄与分は共同相続人に認められるもので、長男の嫁（親族）などは対象外でした。ところが、2019年7月からは相続人でない親族（特別寄与者）が、無償で介護や看護などを行って被相続人の財産の維持・増加に「特別の寄与」をした場合は、相続開始後、相続人に「特別寄与料」を請求できることになりました。

寄与の内容は「無償での労務提供」であり、被相続人の介護（療養看護の1つ）、家業の手伝い、資産管理などが認められると考えられます。ただし、特別寄与者に認められるのは特別寄与料の請求権のみで、遺産分割協議は従来どおり相続人だけで行います。なお、特別寄与料の請求権は、特別寄与者が相続の開始を知った日から6ヵ月を経過したとき、または相続開始から1年を経過すると行使できなくなります。

寄与分や特別寄与料の請求では貢献や寄与を目で見える形で証明することは難しく、どちらも他の相続人の相続分を少なくする行為です。そのため、被相続人が遺言に明記しておくことが最良の対策となります。

従来の寄与分制度と特別寄与料制度

	寄与分制度	特別の寄与（特別寄与料）制度
請求者	法定相続人	親族（6親等以内の血族・3親等以内の姻族）
貢献の内容	労務提供、財産提供等	無償の労務提供
貢献の程度	相続人に期待される以上の特別な貢献	一定程度を超える貢献
請求方法	遺産分割時に相続分に上乗せ	相続人に対して請求
請求手続き	遺産分割協議で決定	協議・調停・審判

Q44 認知症になってサギ被害に遭わないか心配です。任意後見人を決めておくべき？

A 認知機能が落ちる前に任意後見制度を利用すると、資産の保全を図ることができる。

キャッシュカードを紛失したり、暗証番号を忘れたりしてお金が引き出せなくなった高齢者について、家族が銀行に相談すると「成年後見制度」の利用をすすめられます。

成年後見制度には「法定後見制度」と「任意後見制度」があります。法定後見制度は家庭裁判所に選任された「成年後見人」が対象者を保護・支援するもので、この後見人は判断能力の低下度が大きい順に成年後見人、保佐人、補助人の3段階に分かれます。一方、任意後見制度は、認知機能が低下する前に本人（被後見人）が選んだ「任意後見人」と公正証書で契約する制度です。被後見人の判断能力の低下後、任意後見人が家庭裁判所に申し立てて後見を始めます。

成年後見制度の後見人は、被後見人や配偶者、親族（4親等以内・身寄りがなければ市町村長）が家庭裁判所に申し立て、調査を経て選任されます。

法定後見制度では、専門家と親族のどちらが後見人に選任されるか、明確な基準は示されていません。裁判所によるジャッジしだいでは、専門家とはいえ見ず知らずの第三者に被後見人の財産を委ねることになります。

しかし、成年後見制度の利用者約22万人のうち7割以上が法定後見です。そのほとんどが、親の預貯金などの管理・解約の必要に迫られてのものでした。

近年、最高裁判所は「後見人は身近な親族を選任することが望ましい」という見解を示しています。中立てのさいに適任と思われる親族を推薦することもできるため、今後は法定後見でも親族が選任されるケースが増えるかもしれません。

法定後見制度は、被後見人の判断能力が落ちてからの緊急手段。これに対し、自分が元気なうちに家族と話し合って契約しておく任意後見制度を使えば、親子ともども安心できます。ぜひ活用を検討してみてください。

法定後見制度と任意後見制度

	法定後見			任意後見
後見人	成年後見人	保佐人	補助人	任意後見人
対象者の判断能力	ない	著しく不十分	不十分	十分
後見人の選任	家庭裁判所			本人
後見人ができること	◉預貯金の引き出し　◉税金などの支払い ◉不利益な契約の取り消し　◉遺産分割手続き ◉医療や介護の契約や支払い など			契約で決める
報酬	家庭裁判所が決定（原則として**1年分後払い**） 目安は財産額によって**2万～6万円**			契約で決める
家庭裁判所への報告	原則として**1年**ごと			契約で決める

法定後見と任意後見の後見開始までの流れ

法定後見制度

❶ 本人の判断力がすでに低下している

↓

❷ 配偶者・親族・市区町村長などが、家庭裁判所に申請

↓

❸ 家庭裁判所が後見人を選任（専門家の場合が多い）

↓

❹ 法定後見スタート

任意後見制度

❶ 十分な判断力のある本人が任意後見人を選び公正証書で契約

↓

❷ 本人の判断能力の低下後、任意後見人が家庭裁判所に申請

↓

❸ 家庭裁判所が任意後見監督人を選任

↓

❹ 任意後見スタート

Q45 認知症の備えとして「家族信託」が有効と聞きました。くわしく教えてください。

A 信頼できる家族に財産管理を託す仕組み。自分の権利の維持も可能に！

高齢者の財産を守るための方法の1つに「成年後見制度」（Q44参照）がありますが、この成年後見の目的は判断能力が低下した人の財産保護です。そのため、貯金を払い出して生活費に充てることはできても、資産の組み替えや運用は認められません。また、成年後見では子供や孫への生前贈与、不動産売買などの契約行為は原則としてできないことになっています。

それに対して「家族信託」は、高齢者が財産管理を信頼できる家族に託す契約です。自分や家族が資産運用できるなど、成年後見よりも自由度が高くなるため、最近、利用者が増えています。

家族信託は、自分の財産を託す「委託者」、託された財産（信託財産）を管理する「受託者」、信託財産から利益を受ける「受益者」の3者で構成される契約です（認知症対策の場合は「委託者〈自分〉＝受益者〈自分〉」であるケースが多い）。自分の財産が受益者（自分や家族）のためになるよう、「どんな目的で」「いつ」渡すか、信頼できる受託者（家族の1人）を定めて契約すれば、確実に実行してもらうことが可能です。

公証役場で公正証書を作成する

家族信託の契約は、一般的に公証役場で公正証書を作成して行います。信託契約書には原則として家族信託の目的、受託者、委託者、受益者、信託する財産などの内容を記載します。多くの法律や税務が関係するので、弁護士や司法書士、税理士、行政書士など、家族信託にくわしい専門家に相談するのが一般的です。

専門家への相談料は信託財産の額を基準に決めることが多く、目安は1％前後。ただし、法的な規定はないので、信頼できる専門家を探すことが大切です。

契約書を公正証書にする費用（数万円）、信託の不動産登記にかかる登録免許税（原則として固定資産税評価額の0・3%〈土地〉または0・4%〈建物〉)、司法書士への報酬などがかかります。受託者に報酬を支払うかどうかも契約で決められます。

　ある程度の出費は伴いますが、自宅の売却、賃貸経営、資産運用などの積極的な活用が視野にあるなら、家族信託は有力な選択肢《し》の1つとなります。

家族信託の仕組み

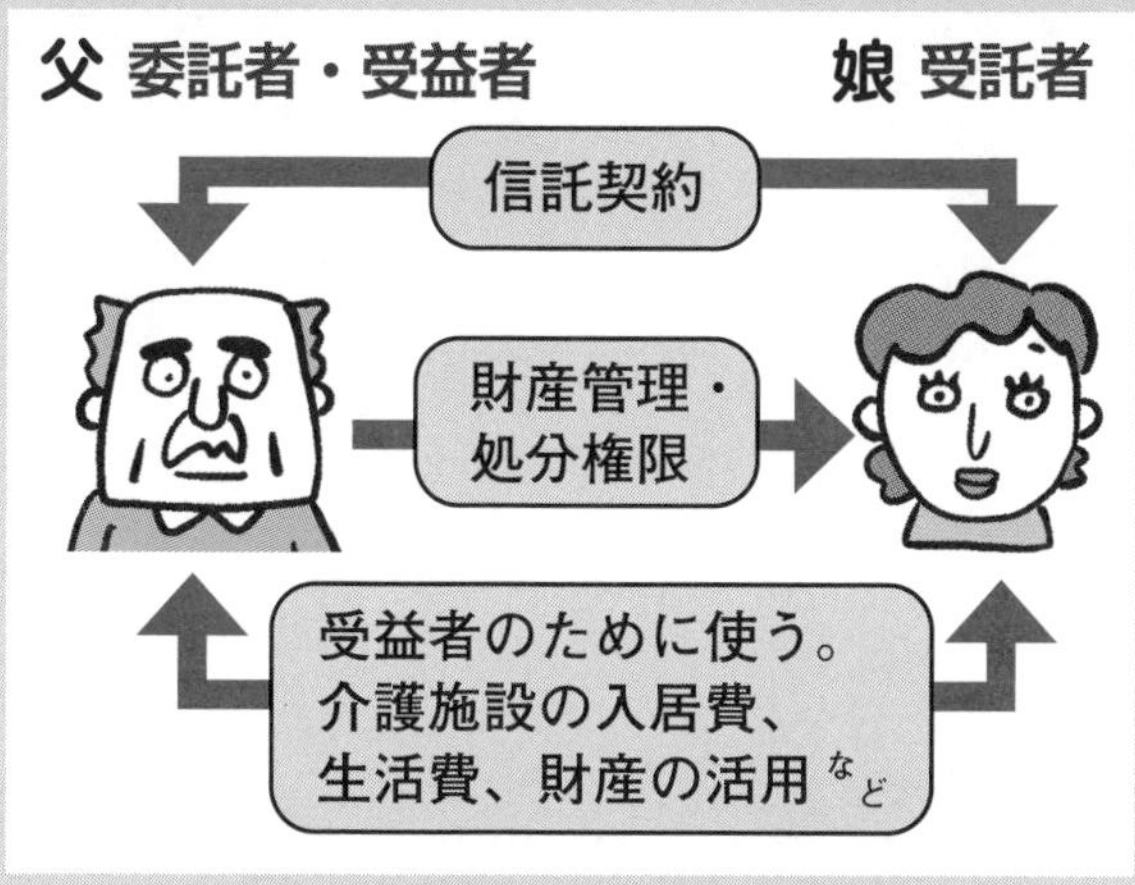
父 委託者・受益者
娘 受託者
信託契約
財産管理・処分権限
受益者のために使う。介護施設の入居費、生活費、財産の活用 など

　家族信託は、高齢者が信頼できる家族に財産管理を託す契約。自分が委託者または受益者となり、財産管理を託される家族は受託者となる。家族信託の契約は、公正証書で交わすのが一般的。

手順としては、金融機関に受託者名義の「信託口」口座を開設し、不動産は受託者名義に書き換えます。受託者の判断で不動産の売買を行えるようにするためで、例えば委託者の自宅を売却して介護施設への入居費用を捻出し、余剰金で賃貸マンションを購入し、その賃料で委託者の生活費を賄うといった活用も可能になります。

　契約時点では委託者に判断能力があるため、信託口に預け入れる財産はその時点で必要な分だけでよく、追加することもできます。「停止条件付き」という契約にすると、認知症の診断が下されるまで委託者本人が自由に財産を使えるので、抵抗感も抑えられます。

　また、受益者の死亡を想定した契約も可能です。配偶者を「第2次受益者」として指定できるので、例えば父の死亡後は母が受益者の地位を引き継ぐことができ、母本人の財産を追加することもできます。

　近年、家族信託が増加傾向にあるのは、認知症対策だけでなく、相続対策としても注目されているからです。とはいえ、当事者どうしに契約可能な意思と能力があることが大前提です。認知症になってからでは遅いので、早めに準備することが大切です。

Q46 賃貸などの事業者は認知症対策に「民事信託」が最も有効というのは本当ですか？

A 資産の管理・活用・承継が1契約で可能。遺言も兼ねて家族に託せる。

信託には「商事信託」と「民事信託」があります。商事信託が信託銀行や信託会社などの受託者に財産を託して管理運用を行うビジネスなのに対し、民事信託は一般の人が受託者として財産を管理・運用する仕組みです。

民事信託では、ある特定の財産の所有者（委託者）が、その財産を信頼できる人（受託者）に託して名義を移転し、信託契約で定めた目的に応じて財産の「管理（守る）」「活用（活かす）」「承継（遺す）」を行います。

このとき、受託者が家族である場合には「家族信託」（Q45参照）と呼ばれることがあります。家族信託という言葉は、一般社団法人家族信託普及協会が商標登録している造語で、公的な呼称ではありませんが、現在では一般的に使われています。

ところで、一般的な中小企業では株主と経営者が同一人物で、所有と経営が一致しているため、迅速《じんそく》な意思決定が可能です。しかし、オーナー社長が認知症などで判断能力を失ったような場合、事業承継や会社の機能がストップしてしまうおそれがあります。

従来はこうした事態へのリスクヘッジとして、生前贈与、任意後見、遺言などが活用されてきましたが、近年は民事信託（あるいは家族信託）が注目され、認知症対策や事業承継などでの利用が広がっています。

賃貸経営を例に取ると、アパートの所有者（父親）が認知症に備えて委託者となり、家族のうちの1人（息子）を受託者としてアパートの管理を任せるといった民事信託の契約を行います（これも受託者が家族なので家族信託と呼ばれる）。

賃貸収入を自分で得ることも可能

成年後見制度では、父親が判断力を失って息子が後見人に選任されたとしても後見人の目的は本人（父親）の財産の保全であり、原則として保有している不動産を売却して別の資産を購入したりすることはできません。

それに対して民事信託を利用して息子が受託者となった場合には、息子が認知症となった父親に代わって財産の管理・運用を行うことができます。

さらに、民事信託で受益者を父親にすれば、賃貸収入は引き続き父親のものとすることができます。万が一、父親が認知症になっても、物件の名義はすでに息子に移っているので、大規模修繕や建て替えなども滞りなく行うことができます。

民事信託なら財産を運用できる

成年後見制度では、後見人のできることは限られ、制約が多い。その点、民事信託なら受託者（家族など）が賃貸アパートを建て替えたり、売却したりできる。

民事信託の目的となった財産の所有権の名義は、委託者から受託者に移転します。法務局で所有権の移転登記を行えば、信託財産は委託者の財産と切り離され、受託者の固有財産とも区分して管理されます。

つまり、信託財産は委託者の財産と区別され、受託者の財産とも区分されるため、委託者や受託者が破産したとしても、その財産は保全されます。これは「信託財産の倒産隔離機能」と呼ばれています。

ただし、保有する資産を信託財産とし、そこから年間3万円以上の収入があると、毎年、翌年1月31日までに「信託の計算書」と「信託の計算書合計表」を税務署に提出する必要があります。さらに、不動産収入は不動産所得として確定申告を行う必要があります。

民事信託では財産の管理・活用・承継を1契約で行えるので、認知症対策と遺言を1契約に集約することができます。つまり、通常の遺言では行えない2次相続以降についても、財産を承継する人を指定できます。

こうしたことから、民事信託は「遺言や成年後見制度（Q44参照）を補完する制度」といわれています。

Q47 公的年金を受給しています。家族と共有しておくべき情報はなんですか？

A 死亡後すぐ支給停止手続きが必要になる。家族のため年金証書の保管場所の共有を！

年金は日々の暮らしを支える大黒柱。何かあっても確実に受け取れるようにしておくことが大切です。

例えば、国民年金や厚生年金を受給している人が死亡すると、年金を受ける権利を失うため、年金事務所（厚生年金の場合）などへの「年金受給権者死亡届（報告書）」の提出が必要です。ただし、日本年金機構に個人番号（マイナンバー）が収録されている場合は、原則として、この死亡届の提出を省略することができます。

これは、現在、個人番号（マイナンバー）によって死亡もわかるようになっているためです。マイナンバーがあれば、遺族は死亡したことを日本年金機構に知らせる必要がなく、死亡届を省略できるようになっています。

また、年金受給者が亡くなったときに、まだ受け取っていない年金がある場合、それを「未支給年金」（Q48参照）として、その人と生計を同じくしていた遺族が受け取ることができます。**未支給年金を請求するときは、受給している年金の証書（国民年金・厚生年金・確定拠出年金・企業年金基金など）と基礎年金番号は必要なので、年金手帳や年金証書の保管場所もわかるようにしておきましょう。**

さらに、老齢厚生年金や老齢基礎年金を受給している人が死亡した場合は、遺族年金をもらえることがあります。この点についての情報の共有も必要になります。

年金の問い合わせ先を控えておく

受給している年金の種類や基礎年金番号、年金証書の保管場所などの情報を家族と共有することが大切です。年金事務所などの連絡先も伝えておきましょう。

なお、確定拠出年金や確定給付企業年金については、それぞれの運営機関によって届出用紙などが異なっているため、それぞれの運営機関に連絡して手続き方法を確認する必要があります。

Q48 相続が始まると数ヵ月分の未支給年金が発生するそうですが、受け取るには？

A 未支給分は3親等以内の親族が年金事務所などで請求手続きを行えば受け取れる。

年金は2ヵ月に1回、原則として偶数月の15日に前月分と前々月分が後払いされます。そのため、年金受給者が亡くなると、その月分までの年金が「未支給年金」となり、この請求を行うと支給されます。

未支給年金を請求できるのは、亡くなった年金受給者と生計を同じくしていた配偶者、子、父母、孫、祖父母、兄弟姉妹、それ以外の3親等（甥《おい》・姪《めい》、おじ・おばなど）以内の親族で、この順番で最先順位の遺族がもらえます。同順位の人が2人以上いる場合は、1人が全員を代表して受け取ります。

請求先は、厚生年金の場合は最寄りの年金事務所、国民年金なら住所地を管轄する市区町村役場。請求期限は亡くなった人の年金支払日の翌月の初日から5年以内です。また、未支給金は受け取った人の一時所得となり、確定申告が必要になる場合があります。

請求に必要な書類と未支給年金の例

必要書類

❶**年金証書**
❷**戸籍謄本**（法定相続情報一覧図➡Q109・110参照）
　亡くなった人と請求者の続柄がわかるもの
❸**住民票**（本籍と続柄の記載が必要・コピー不可）
　●亡くなった人の住民票（除票）の写し
　●請求者の世帯全員の住民票の写し
❹**請求者名義の預金通帳**
❺**手続きする人の本人確認ができるもの**
❻**委任状**（請求者以外の人が手続きする場合）

【例】 3月20日に死亡した場合、2月分と3月分の年金が未支給年金となる

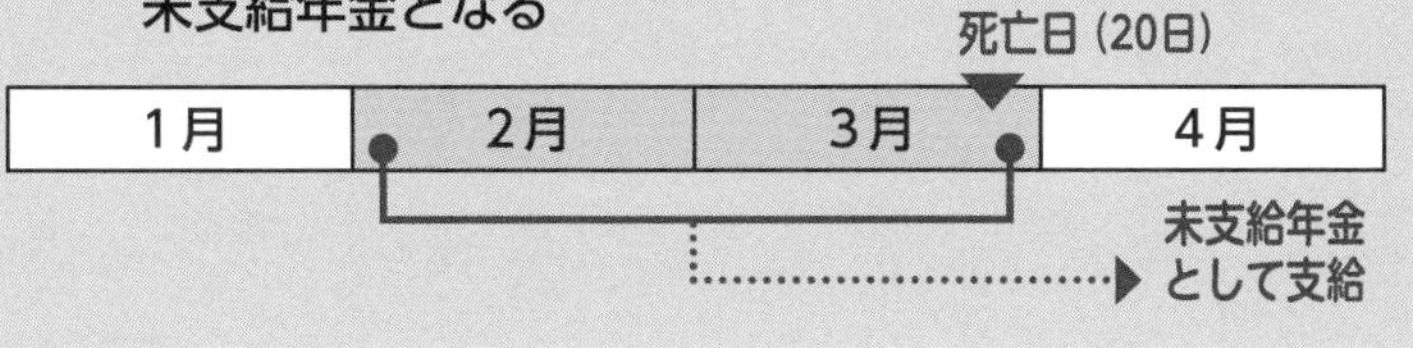

Q49

若いころ何度も転職し年金額もわずかです。支給もれ年金の調査はすべき？

A 見つかれば受給額が増える。死亡後は遺族が受け取れるので、念のため調査を！

年金の記録もれが起こりやすいケース

- ◆転職が多い
- ◆アルバイトや保険外交員の経験がある
- ◆学校に通いながら働いていた
- ◆姓名を読み間違えられることが多い
- ◆姓が変わった
- ◆結婚前に働いていた など

年金保険料の記録もれが発覚し、世間を騒がせたのは、2007年の「消えた年金問題」でした。すぐ自分の年金記録を調べた人がいる一方、転職が多くてよくわからない、調べるのが面倒で放置したまま、という人もまだまだいるようです。

年金の時効は原則5年で、かつては年金記録が訂正されて、年金額が増えたとしても、直近の5年間分しかもらえませんでした。しかし、年金時効特例法が施行され、これに該当する場合、年金記録の訂正による年金の増額分は、時効で消滅した分も含めて本人または遺族に支給されることになっています。

対象となるのは、原則として年金記録を訂正して年金額が増えた人、年金記録を訂正して受給資格を得た人で、これらのケースに該当する人の遺族にも、未支給年金として時効消滅分も含めて支払われます。

この場合の遺族とは、亡くなった時点で年金受給者と生計を同じくしていた人のうち配偶者、子、父母、孫、祖父母、兄弟姉妹の順で、最先順位者がもらえます。

もちろん、これから年金記録を調べ、年金記録を訂正する人も該当します。過去に職を転々とした経験があり、年金額が少ない人は、少しでも増えるように年金記録を詳細に確認してみましょう。

第5章

万一に備える生前手続き②

お葬式・お墓・改葬についての疑問20

▶Q50〜69◀

回答者

東池袋法律事務所
弁護士
根《ね》本《もと》達《たつ》矢《や》

お墓は改葬するなど近くの墓地や霊園に持てば死後も家族が頻繁に訪れる！

いいお葬式だったわね
健二の父・条治（故人）
あなたあのお墓に入るつもりなの？
まあそうなるかな
長女・菜江
長男・卓朗
妻・菜々
高木健二（53歳）
あんな田舎じゃお墓参りに行けないわ
数年に1度って感じ？
おいおい
「改葬」という方法はどうじゃ？
終活博士
改葬？
お墓の引っ越しじゃ遺骨を別のお墓に移すんじゃ
近くのお寺に改葬すればお墓参りもラクね
よく聞く「墓じまい」とはどう違うの？

墓じまいは今のお墓を処分してしまうことじゃ
しかし最終的には遺骨を納骨堂などに納める人が多いいわば遺骨の引っ越しじゃの
でもなぁお墓がある寺とは先祖代々のつきあいだ住職が改葬をすんなり認めてくれるかなぁ
お父さんも高い檀家料を払ってたわ
まぁ 改葬ではトラブルが多い離檀料を請求されたり永代供養料の返還を要求して拒否されたり……
永代供養料は戻ってくるの？
戻らないと思ったほうが無難じゃよ
いずれにしろ住職と話し合うことじゃ先祖代々お世話になった感謝の気持ちを伝えれば住職も快く応じてくれるはずじゃ
でお葬式はどうする？
お葬式の希望を家族に伝えておくことも生前整理の1つじゃ
お墓は樹木葬が人気だわ
柳の木がいいんじゃね？
ユーレイか…

Q50 お葬式について、家族と共有しておくべき情報はなんですか？

A お葬式は人生を締めくくる一大イベント。自分の希望を家族にきちんと伝えておこう。

親しい人の訃報《ふほう》を聞くと、何をおいてもお葬式に駆けつけようとする人は少なくありません。ところが、自分のお葬式については、多くの人が「まだ先のことだから」と具体的には考えていないようです。

誰でもいつかは必ず死が訪れます。たとえ突然死するようなことがあっても遺された家族が慌てることのないように、40代50代の比較的若い世代の人も、自分のお葬式について、家族と情報を共有しておきましょう。

具体的には、「どんなお葬式をしてほしいか」「誰に参列してほしいか」の2つを伝えておきます。

お葬式にはさまざまな種類があります。親族や友人、隣人、職場関係など多くの人が参列する「一般葬」は、昔から広く行われてきたお葬式の形式です。最近では、コロナ禍《か》を背景に大人数での集まりをさける傾向にあり、家族だけで見送る「家族葬」など、小規模・少人数で行うお葬式が増えてきました。どんな形式のお葬式を希望するのか、家族に伝えておきましょう。

特に、**「自分には葬式（通夜《つや》、葬儀・告別式）は不要、直葬（火葬式）でいい」「遺骨は海にまいてほしい（海洋散骨）」など、一般葬以外のお葬式を希望する場合には、口頭で家族に伝えるだけでなく、遺言書やエンディングノートに記しておくといいでしょう（お葬式の種類についてはQ53参照）**。こうしておけば、お葬式の形式などついて親戚《しんせき》から反対されても、家族に「故人の希望」として実行してもらうことができます。

お葬式に誰を呼ぶかを伝えることも重要です。小規模・少人数の家族葬でも、「友人の誰それだけは呼んでほしい」といった希望を伝えます。一般葬の場合には大人数になるので、年賀状を利用して参列者リストを作成するのもいいでしょう。時間があるときに、自分のお葬式に参列してほしい人の連絡先を、エンディングノートなどに記入しておくことをおすすめします。

Q51 小さくてもいいのでお葬式はあげてほしい。どんな準備が必要ですか？

A お葬式の種類などのイメージを伝えておくだけでも、遺族の負担は大幅に減る。

小規模なお葬式にも、いくつかの種類があります。家族だけで見送る「家族葬」、告別式と火葬を一日で行う「一日葬」、通夜《つや》や告別式を行わず、火葬だけで終える「直葬」（火葬式ともいう）もあります（Q53参照）。**「小さくてもいい」だけでなく、このようなお葬式の種類の希望についても家族に伝えておきましょう。**

お葬式の費用を自分で準備するのなら、**死亡保険金を葬儀費の支払いに限定した「葬儀保険（少額短期保険）」への加入を検討するといいでしょう。**中には、事前に自分でお葬式の内容を決められるタイプもあります。遺族は葬儀社選びの手間がかからず、死亡保険金も直接葬儀社に支払われるので金銭的負担もありません。

Q52 自分は「葬式不要、戒名不要」にしたい。どうしたらいい？

A 希望をはっきり家族に伝えておこう。確実に実行してほしいなら遺言書に書くのも一手。

これまで、人が亡くなるとお葬式を行い、戒名《かいみょう》を授けてもらうのが常識でした。しかし、時代の変化に加えて、昨今のコロナ禍《か》による外出自粛も影響して、お葬式についての考え方も変わりつつあります。

元東京都知事で作家の石原慎太《いしはらしんた》郎《ろう》氏が他界されたさいには、生前に「葬式不要、戒名不要。我が骨は必ず海に散らせ」と、遺言書に記していたそうです。

このように、自分の死後は、お葬式という儀式は必要もないし、戒名の必要もないと思うのであれば、遺言書やエンディングノートを利用して、自分の意思を記しておいてください。言葉としてしっかりと残しておけば、家族が希望をかなえてくれることでしょう。

Q53 お葬式の形式くらい決めておきたい。どんなお葬式がありますか？

A 古くから伝わる一般葬からお通夜を省く一日葬まで多種多様。希望を家族に伝えておこう。

これまでは、仏教式の伝統的なお葬式として、家族・親族のほか、友人、職場関係者、近隣住民など、幅広い人が参列する**「一般葬」**が多く行われていました。

ところが最近は、家族や親族を中心に、故人と親しかった友人などが参列する「家族葬」が増えています。参列者は10~30人程度と小規模ですが、一般葬と同様に、通夜《つや》や葬儀・告別式が行われます。

このほか、通夜の儀式を簡略化または行わずに葬儀・告別式と火葬を一日で行う「一日葬」、通夜や葬儀・告別式を行わずに火葬だけで終える「直葬（火葬式）」もあります。直葬は遺体を病院や自宅、安置場所などから直接火葬場に運び、火葬炉《ろ》の前でお別れの儀式を簡単な形で行います。

仏教などの宗教の形式にとらわれない「自由葬」と呼ばれるお葬式も増えています。自由葬には、自分が好きな音楽で見送ってもらう**「音楽葬」**や、遺骨を海に散骨してもらう**「海洋葬」**などがあります。

会社の代表や役員が亡くなったり、社員が殉職《じゅんしょく》したりしたときには、会社が主体で**「社葬」**を行うことがあります。複数の会社や遺族が共同で施主となる場合は**「合同葬」**と呼ばれることもあります。

自分の死を多くの人に知らせずに、家族などの近親者だけでひっそりと行うお葬式が「密葬」です。著名人の場合には密葬により火葬までをすませ、後日、故人にゆかりのあった人やファンなどがホテルやレストランなどに集まって**「お別れの会（しのぶ会）」**を行うケースが多く見られます。

最近では、新型コロナウイルスの影響もあり、パソコンやスマートフォンから参列する**「オンライン葬儀」**も増えつつあります（Q55参照）。

このようにお葬式は多くの種類があるので、日ごろから家族と話し合っておくことが大切です。

主な葬儀の種類

一般葬	昔から一般に広く行われている形式の葬儀のこと。「通夜」が行われた翌日に、宗教儀礼によって故人をしのぶ「葬儀」、遺族や参列者が故人に別れを告げる「告別式」が行われる。遺族・親族のほか、友人、職場関係者、近隣住民など、幅広い人が参列する。
家族葬	「家族葬」という名称だが、家族だけではなく親族や故人と親しかった友人などが参列することもある。一般葬と同様の儀式が行われることから、「小規模な一般葬」ととらえるとわかりやすい。10〜30人程度の参列者になることが多い。
社葬・合同葬	会社代表や役員が亡くなったり、社員が殉職したりした場合に会社が主体となって行うのが「社葬」。遺族と共同、または複数の会社が施主となる場合には「合同葬」と呼ぶ。
密葬	著名人や会社代表などが亡くなり、後日、本葬儀やお別れの会などを行うことが決まっている場合、故人の死を広く知らせずに遺族などの近親者だけで行う葬儀を「密葬」と呼ぶ。
一日葬	通夜の儀式を簡略化または行わない形で、遺族・親族・友人などのごく身近な関係者のみで告別式と火葬を一日で行う葬儀のこと。
直葬・火葬式	通夜や葬儀、告別式を行わず、火葬だけで終える葬儀のこと。「直葬」とも「火葬式」とも呼ばれる。 遺体を病院や自宅、安置場所などから直接火葬場に搬送し、故人とのお別れは、火葬炉の前で簡単な形で行われる。
自由葬	従来の葬儀の形式にこだわらずに行う葬儀のこと。故人が好きだった音楽の生演奏やCDなどで見送る「音楽葬」、遺骨を海にまく「海洋葬」(法律や条例に基づき節度を持って行われることが前提)などがある。
お別れの会(しのぶ会)	著名人や会社代表などが亡くなった場合、後日、故人にゆかりのある人たちやファンなどがホテルやレストランなどの会場に集まって、お別れをする会のこと。宗教儀式にはとらわれない。亡くなった後、2週間から2ヵ月程度までに行われることが多い。

Q 54 お葬式には友人にも参列してほしい。参列者名簿は作っておくべきですか？

A お葬式のときに大変なのが参列者への連絡。家族のために、この名簿は必ず作っておこう。

自分が亡くなると、遺された家族は、周囲の人に訃報《ふほう》やお葬式の場所・日程を伝えます。このとき、親戚《しんせき》の連絡先はわかっても、自分の友人の連絡先まで知っているとはかぎりません。**家族が戸惑うことのないように、あらかじめ自分のお葬式に呼んでほしい人たちの「参列者名簿」を作っておくことをおすすめします。**

参列者名簿の形式は、特に決まりはありません。ノートや市販の住所録などに友人の名前や連絡先（電話番号やメールアドレスなど）を記しておきます。**最近では、エンディングノートなどに、希望するお葬式の形式や、参列してほしい人の連絡先などを記入して家族に託すケースが増えています。**遺された家族は、そのノートを見れば、訃報の連絡もお葬式の案内も迅速《じんそく》に行えます。

パソコンやスマートフォン内に連絡先を保存している場合は、印刷しておくといいでしょう。せっかく参列者名簿を作っても、パスワードがわからないために、お葬式で活用できなかったというのはよく聞く話です。

お葬式の種類についてはQ53を参考にしてください。「家族葬」の場合は、自分の配偶者に加えて、2親等まで（父母、祖父母、子供、孫、兄弟姉妹）を目安にするといいでしょう。ただし、訃報を知ったおじ・おば、甥《おい》・姪《めい》、いとこなどが参列を希望するかもしれません。これに親しい友人を追加すると、人数が増えて、結局「一般葬」になってしまうケースもよくあります。

参列する人数によって、お葬式の規模が変わってきます。人数が多ければ、その分、葬儀費用も多くかかるので、自分の想定外に参列人数が増えてしまうことも考えながら、参列者名簿に記載する人を選ぶようにしてください。

参列者名簿を作るさいは、すぐに連絡する必要がある人、お葬式の日取りが決まってから連絡する人に分けておくと、スムーズに連絡できるので、とても便利です。

Q55 コロナ禍でお葬式はどう変わりましたか？

A 多くの人が参列する一般葬は減少傾向となり葬儀・告別式のみ行う一日葬が増加。

新型コロナウイルスの感染拡大によって、今、お葬式のスタイルが大きく様変わりしつつあります。

お葬式の会場（葬儀場）自体は、緊急事態宣言や、まん延防止等重点措置の対象外でした。とはいえ、県をまたぐ移動や集会、会食の自粛が求められ、親族や友人などでも集まりにくくなりました。

そのため、多くの人が参列する「一般葬」は減少傾向となり、火葬のみを行う「直葬（火葬式）」や、通夜《つや》を省略または簡素化して葬儀・告別式を一日で行う「一日葬」が増加する傾向になりました。

外出時はマスクをするのが当たり前になりましたが、コロナ禍《か》以降のお葬式でも同様です。遺族や参列者、葬儀社のスタッフに至るまで、マスク着用、手指消毒はもちろん、参列者の座席の間隔をあけ、室内の換気を頻繁に行うなどして感染防止に努めています。

厚生労働省によると（2023年5月9日時点、最終集計）、新型コロナウイルス感染症による国内の死亡者数の累計は7万4694人となりました。

この感染症による死亡の場合（感染症の疑いを含む）、厚生労働省と経済産業省では、臨終から通夜、お葬式、火葬、拾骨に至るまで、細かいガイドラインを定めました。ガイドラインによると、遺体を体液などがもれ出さない非透過性の納体袋に収容・密封し、そのまま火葬することが推奨されたのです。

このガイドラインでは、お葬式についても、パソコンやスマートフォンで参列できる「オンライン葬儀」の利用を推奨しました。実際に、オンライン葬儀の利用者は多くなり、今後のお葬式の形として選択肢《し》の1つとなるでしょう。

Q56 お葬式の費用はいくら準備しておけばいいですか？

A お葬式の種類や地域、規模などで大きく異なる。少なくとも100万円程度の準備が必要。

お葬式は、宗教・宗派や、住んでいる地域、お葬式の種類によって、かかる費用はさまざまです。**葬儀と告別式を行う「一般葬」の場合には、❶葬儀自体にかかる費用、❷飲食代、❸お布施、❹その他の主に4つの費用がかかります（左の図参照）。**

お葬式の費用は、その種類や居住地域、参列者数などによって大きく変わってきます。

お葬式について調べた「第4回お葬式に関する全国調査2020（鎌倉新書）」によると、**お葬式にかかった費用の平均は、一般葬の場合で約149万円（火葬場使用料、式場使用料を含む。飲食、返礼品費用、お布施は除く）となっています。**

お葬式以外にかかる費用の平均は、「通夜《つや》ぶるまい」での飲食費が約31万円、「お布施」が約23万円、「その他」が約34万円となっています。

お葬式の種類別にかかった費用の平均を見ると、「家族葬」が約96万円、「一日葬」が約85万円、「直葬（火葬式）」が約44万円となっています。火葬の手続きは葬儀社が行うため、直葬でも費用が発生します。

ちなみに、調査機関によって、前述の調査よりも、お葬式費用が安かったり高かったりと差が見られます。香典をあてにせず、最低でも100万円程度は自分で準備しておくようにしましょう。

葬儀にかかる主な費用

❶ 葬儀自体にかかる費用

斎場使用料、祭壇・供物・生花代、人件費など葬儀社へ支払う費用。

❷ 飲食代

通夜ぶるまい、くり上げ初七日の精進落としなどの料理にかかる費用。

❸ お布施

読経、戒名、お車代、くり上げ初七日法要など、僧侶に渡すもの。

❹ その他

寝台車（遺体運搬車）代、香典返し、位牌代、遺影加工料、心づけ（霊柩車の運転手、火葬担当者などへの謝礼）。

Q57 今からお葬式に備える「葬儀の生前契約」について、くわしく教えてください。

A 要望に合ったお葬式が可能になる。信用できる葬儀社と契約するのがポイント！

最近、「終活」を行う人が増えています。終活とは、「人生の終わりのための活動」の略称で、自分が亡くなったときのお葬式やお墓、相続などの準備、身の回りの物品や資産、情報の整理などを行うことをいいます。自分の人生の後片づけをしておくことで、遺される家族の負担を減らすことができます。

こうした終活の一環として、「葬儀の生前契約（生前予約）」を結ぶ人が増えています。

葬儀の生前契約とは、自分が生きているうちに、葬儀社とお葬式の契約を結んでおくことをいいます。

生前契約を結ぶさいには、どのようなお葬式をしてほしいのかを具体的に決めておくことが大切です。宗教・宗派、参列者の人数、会場や葬儀の規模・形式といった具体的な要望を伝えれば、その要望に合ったプランを葬儀社が提案してくれます。葬儀の生前契約の手順については、上の図を参照してください。

葬儀の生前契約のメリットは、自分が希望する内容のお葬式ができることです。すでに葬儀社や葬儀内容が決まっているので、お葬式のさい、家族の手間も省けます。加えて、お葬式にかかる費用が事前にわかるので、自分で葬儀費用を準備しておくことも可能です。

デメリットとしては、お葬式の内容をくわしく話し

「葬儀の生前契約」の流れ

ステップ1
まずは自分がどんなお葬式にしたいのか、参列者は何人くらいかなどを決める。

ステップ2
複数の葬儀社から資料を取り寄せて、比較検討をする。

ステップ3
比較検討した葬儀社の何社か（最低3社程度）と直接相談し、サービス内容や費用などくわしく説明してもらう。

ステップ4
葬儀社を決定し、葬儀の生前契約を結ぶ。

合って契約したものの、実際には遺された家族や親族の強い要望などにより、当初の契約どおりにならない可能性があることです。また、長い間には一般的なお葬式の行い方が変化したり、物価の変動によって契約した金額では希望どおりのお葬式ができなかったりする可能性も考えられます。

葬儀社を選ぶさいには、信頼性や永続性があるかどうかがポイントになります。せっかくお葬式の生前契約を結んで葬儀費用も支払っても、万が一、葬儀社が倒産したら、すべては水泡に帰してしまいます。

事前に数社から資料を取り寄せたり、実際に相談してみたりしてサービス内容や費用をよく比較検討し、自分にとって最適な葬儀社を選ぶようにしましょう。

最近では、安心してお葬式の費用を預けることができる「葬儀信託（葬祭信託）」も登場しています。

葬儀信託では、契約した葬儀社にお金を預けるのではなく、信託銀行へ葬儀費用を信託財産として預けることになります。そのため、葬儀社が倒産した場合には、預けたお金を返還してもらうことができます。ただし、預けた信託財産に利息はつきません。

Q58 死後の手続きまで子供に押しつけたくありません。代行を頼むことは可能？

A 死後事務委任契約を結ぶと、お葬式や埋葬などの死後の手続き一切を代行してもらえる。

自分が亡くなった後、面倒な死後の手続きで子供に迷惑をかけたくないと思う人は少なくありません。また、身近に頼れる家族がいないという人もいます。

そのような場合、「死後事務委任契約」を結んでおくといいでしょう。これは、自分が死亡した後の諸手続きを、友人などの個人や司法書士、行政書士などの専門家や団体などに委任する契約です。

委任できる事務には、親族などの関係者への連絡、お葬式、納骨、埋葬に関すること、生前に残っている債務の精算（医療費や老人ホームの費用など）、行政などへの死亡届など。死後事務委任契約は公正証書として作成することをおすすめします（くわしくはQ146参照）。

Q59 お墓がありません。家族のためにも建てておくべきですか？

A 遺骨を管理できればお墓を建てる必要はないが、家族が望むなら建てる方向で検討を！

日本の法律（墓地埋葬法）では、遺骨を埋葬できるのは、法律で許可された場所となっています。すなわち、墓地にかぎると定められています。ただし、遺体の火葬までをすませていれば、必ずしもお墓を建てなければならないと義務づけられているわけではありません。

かつては、先祖代々の墓（家墓《いえはか》）がないときには、新たにお墓を建立するのが一般的でした。しかし、昨今では、お墓に対する考え方も変わってきており、お墓を建てないという選択をする人も増えてきています。

しかしその一方で、お墓は、故人や先祖代々の魂が眠る場所でもあり、法要やお彼岸《ひがん》などでお墓参りをするさいに、親族が集う場所にもなっています。お墓を精神的な支えとして、とらえる人も少なくありません。

先祖代々のお墓がない場合には、まずは家族と話し合うことです。お墓を建てたほうがいいか、建てるならどんなお墓にするのかをよく検討してください。せっかくお墓を建てたものの、お墓を継承する人がいなかったり、金銭面での不安が出てきたりする可能性もあるからです。

家単位の家墓とは異なる形での供養の方法もあります。寺院や霊園に遺骨を預けて供養してもらう「永代供養墓《えいたいくようぼ》」などです。永代供養墓には、個別の扉がついた棚に骨壺を納める「納骨堂」、ほかの遺骨とともに霊園内に埋葬する「合葬墓・合祀墓《ごうしぼ》」などがあります。

また、同じ霊園内にある樹木（シンボルツリー）の根元に遺骨を埋めたり、西洋風の庭園に埋葬したりする「樹木葬」も、最近では人気になっています。お墓を建てずに遺骨を自宅で保管する「手元（自宅）供養」という方法もあります。

お墓の種類については、これら供養の方法による分類のほか、埋葬される遺骨による分離や墓石の形による分類もあります。次ページの表を参照してください。

主なお墓の種類

● 供養の方法による分類

家墓（一般墓）		最も一般的なお墓で、墓石には「○○家代々の墓」など、家名を彫刻したものが多く見られる。その家の後継者が中心となって先祖代々を供養する。
永代供養墓	納骨堂	棚や扉つきのロッカーなど、室内に故人の遺骨が入った骨壺を収める。多くの場合、個別の骨壺での供養には期限があり、期限の経過後は、霊園内の「合葬墓・合祀墓」に埋葬される。
	合葬墓・合祀墓	遺骨を骨壺から取り出して、他の人の遺骨とともに埋葬される。
自然葬	樹木葬	墓石ではなく、シンボルツリーを墓標に見立てて埋葬される。樹木墓地、樹林墓地ともいう。

● 埋葬する遺骨（故人）による分類

家墓（累代墓・継承墓）	先祖代々の遺骨が納められている最も一般的なお墓。上表にある家墓（一般墓）と内容は同じ。
個人墓	1人だけで埋葬されるお墓。著名人や有名人などで、親族以外の墓参りが予想される場合に選ばれることが多い。
夫婦墓	一族とは別に夫婦だけで埋葬されるお墓。継承はせず、一定期間が経過したのち、合葬・合祀される。
両家墓	名字の異なる親族もいっしょに埋葬する。女性の跡継ぎが結婚し、名字が変わって墓を守っていく場合に多く見られる。
共同墓	大きく2つに分類される。1つは、集落・村落といった地域・宗教単位などの共同体により管理・運営されているもの。もう1つは、ほかの人の遺骨と共同で納骨される「永代供養墓」とも呼ばれるものがある。

● 墓石の形による分類

和墓	縦長の石碑に「○○家代々の墓」などと刻印した最も一般的な墓石。
洋墓	横長で奥行きの浅い形状の石材を用いた墓石が特徴で、「プレート型」「オルガン型」とも呼ばれる。家名ではなく、「心」「希望」といった自由な言葉が刻まれることもある。
デザイン墓	墓石の形や素材、墓石に刻む言葉など、従来のスタイルにとらわれない自由にデザインされた墓石。

Q60 実家のお墓の継承を考えていますが、子供がいません。亡くなるとどうなる？

A お墓を引き継いでくれる子供がなくても心配無用。永代供養墓に移してくれる寺院が多い。

お墓は「祭祀《さいし》財産」であるため、相続税や固定資産税といった税金の対象にはならないので、お墓を継承すること自体は難しいことではありません。しかし、実家のお墓を継承したものの、子供がいないと「自分の死後、お墓はどうなるのか」と心配する人は多いようです。

お墓の継承者がおらず、お墓の管理費が支払われない状態になると、数年後には、寺院・霊園の場合には「永《えい》代供養《たいくよう》墓」に移されます。自治体が運営する公営墓地では、「樹木葬」や「合葬墓」などに移されます。

自分が亡くなった後にお墓の継承者がいないことがわかっているのであれば、事前に寺院や霊園などに相談しておいたほうがいいでしょう。

Q61 遠方にある実家のお墓を継承します。家族にお墓参りをしてもらうには？

A お墓の管理代行サービスや、近くの場所にお墓を引っ越しさせる改葬を検討するといい。

お墓が遠くてなかなかお参りに行けないという場合には、「お墓の管理代行サービス」を利用するのもいいでしょう。合掌礼拝はもちろん、墓石や外柵、墓誌、備品の拭《ふ》き掃除、お供え物や枯れた花などの処分、敷地内の雑草の除去作業などを行ってくれます（Q68参照）。

遠くにある実家のお墓を継承することが決まっていて、その後は、自分の子供や孫などの家族にもお墓参りしてほしいと考えるなら、お墓を別の場所に引っ越す「改葬」を検討するのもいいでしょう。

ただし、改葬をするにはさまざまな手続きが必要になります。改葬の方法についてくわしくは、Q66を参照してください。

Q62 新しくお墓を建てるのに、お金はどれくらい必要ですか？

A 地域によって差がある。一般墓なら全国平均で160万円前後の準備が必要に！

新しくお墓を建てる費用に含まれるのは、「永代《えいたい》使用料」「墓石工事費」と、その後に必要となる「管理費」です。これらの費用については、調査をした機関（石材店など）や対象の地域によって異なってきます。

一般社団法人・全国優良石材店の会が2021年に行った調査によると、一般墓の平均購入価格は160・1万円（墓石費用、永代使用料含む）と報告されています。ただし、実際には墓石（お墓を建てる石材）の種類や等級、加工費、施工費などでお墓を建てる費用は大きく変動します。

永代使用料（墓地を使用する権利）についても、住んでいる地域（都道府県、市区町村）によって異なり、50万〜200万円ほどと大きな幅があります。また、同じ面積のお墓でも、本堂からの距離や角地など、立地条件によって永代使用料に差が出てくるとされています。特に、東京23区の永代使用料は高く、都内以外の地域でも、アクセスのいい場所や有名な寺院は価格が高くなる傾向があるようです。

地域別の平均価格は、高い順に1位が佐賀県、2位が栃木県、3位が福岡県となっています。一方、岩手県、愛知県、三重県、鳥取県、島根県、岡山県は平均を下回る結果となっています。

一般墓の購入費用の目安

一般墓の購入価格（全国平均）
➡ 160.1万円

●価格の内訳

200万円未満の購入者が大半を占めており、男性の平均購入価格は161.8万円、女性は155.7万円。女性は特に100万円未満の購入者が3割を超えるなど、お墓選びに堅実な傾向が見られる。

●地域別の内訳

全国トップは佐賀県、2位は栃木県、3位は福岡県。平均を下回ったのは、岩手県、愛知県、三重県、鳥取県、島根県、岡山県。

※出典：一般社団法人・全国優良石材店の会「2021年度お墓購入者アンケート調査」（2021年3月1日〜7月31日にお墓を購入した人を対象に行い、2,132サンプルを回収）より

Q63 お墓は安くて十分と考えています。合葬墓や合祀墓が格安と聞きましたが？

A 合葬墓・合祀墓は5万〜30万円と格安。ただし安易に考えず、事前によく検討を！

合葬とは合わせて埋葬すること、合祀《ごうし》は合わせて祀《まつ》るという意味があります。いずれも、遺骨を骨壺から取り出して、ほかの遺骨とともに埋葬することをいいます。

個別の一般的なお墓には、数十万〜数百万円の費用がかかります（Q62参照）。**これに対し「合葬墓」や「合祀墓」の場合は、5万〜30万円程度と格安です。**金額の幅が広いのは、永代《えいたい》供養料が寺院や霊園によって差があり、納骨料や彫刻料の有無があるからです。

ただし、いったん合葬墓・合祀墓にすると、後から「やはり、個別に供養したい」と思っても、他人の遺骨といっしょになっているため、家族の遺骨だけを取り出すことはできません。十分に検討してください。

Q64 最近よく聞く「サブスク墓」ってなんですか？

A 一定の期間、毎月お金を支払うことによって利用できるお墓のこと。

サブスクとはサブスクリプションの略で、一定期間、会費を払うことで利用できるサービスのことです。動画や音楽の配信などで知られていますが、最近では「**サブスク墓**《ぼ》」が登場し、話題になっています。

多くの場合、サブスク墓は最初に骨壺サイズの小さなお墓を購入し、納骨堂のような扉つきの棚に遺骨を納めます。月々の費用は約3000〜4000円ほどです。初期費用が無料のところもあるようですが、30万円程度必要なところが多く見られます。

サブスク墓は、新しいお墓が完成するまでの間や、公営霊園の抽選待ち、しばらくしてから合葬・合祀《ごうし》することを考えている人などに多く利用されています。

Q65 お墓の「改葬」とはなんですか？最近よく聞く「墓じまい」と違いますか？

A 今のお墓を別のお墓に移すのが改葬、処分して遺骨を別の場所に移すのが墓じまい。

実家のお墓が遠方にあってなかなかお墓参りに行けないという場合には、まずは「改葬」を検討するといいでしょう。今の住所から近い場所にお墓を移せば、お墓参りに行くのもらくになります。

改葬とは、現在のお墓に埋葬されている遺骨を取り出して、別の新しいお墓に移す（納骨する）ことをいいます。つまり、**「お墓の引っ越し」のことです。**

これに対し「墓じまい」は、お墓そのものを処分・撤去することです。現在のお墓に埋葬されている遺骨を取り出して墓石を撤去し、更地にして、お墓の管理者に永代《えいたい》使用権（お墓を使用する権利）を返却します。

改葬も墓じまいも、現在のお墓から遺骨を取り出し、墓石を撤去して更地に戻し、お墓の管理者に返すという手順までは同様です。異なるのは、取り出した遺骨の行き先です。**改葬では、遺骨は新しいお墓に納められますが、墓じまいの場合は、手元に遺骨が残ります。**

手元に残った遺骨については、納骨堂や合葬・合祀《ごうし》墓などで永代供養をしてもらう、散骨する、手元供養するなどの方法があります。最近では、樹木の根元に散骨する樹木葬が増えているとされています。つまり、墓じまいは「遺骨の引っ越し」ともいえるでしょう。

墓じまいのくわしい手順については、Q66の改葬の手続きを参考にしてください。

改葬と墓じまいの違い

改葬＝お墓の引っ越し

今のお墓から遺骨を取り出す
▼
墓石を撤去して更地に戻す
▼
遺骨を新しいお墓に納骨

墓じまい＝遺骨の引っ越し

今のお墓から遺骨を取り出す
▼
墓石を撤去して更地に戻す
▼
遺骨を納骨堂、合葬墓・合祀墓、樹木葬などに移したり、散骨や手元供養を行う

Q66 改葬の手続きや役所への改葬許可申請について、くわしく教えてください。

A まずは、先祖代々の菩提寺の住職など現在のお墓の管理者に相談しよう。

改葬は、①すべての遺骨を新しい墓地に移す、②すべての遺骨と墓石をまとめて新しい墓地に移す、③複数の遺骨がいっしょに納骨されていた場合に一部だけを移す、④分骨する、の4タイプに分類されます。

これらのうち②は、ほとんど行われていません。その理由は、移転先となる寺院や霊園の多くが墓石の大きさや形を制限しており、現在の墓石がその制限に適合せず遺骨だけしか移動できないケースが多いからです。移転先の寺院・霊園の許可が得られた場合は遺骨と墓石をまとめて移すことができますが、①②の場合、現在のお墓は更地にしてお墓の管理者に返却します。

先祖代々の遺骨が納められている菩提《ぼだい》寺の場合、③のように、一部の遺骨だけを別のお墓に移す改葬の形が考えられます。例えば、兄弟が同じお墓に入っていたとして、弟の子供が新たにお墓を建てるさいに、弟（子供にとっては父）の遺骨を引き取りたいと申し出たようなケースです。このような場合は、現在のお墓はそのままにして、新しいお墓を建立することになります。

④の分骨は、故人の遺骨を2ヵ所以上に分けて供養する方法です。分骨した遺骨を自宅の仏壇に納めて手元供養するケースが多く、中にはペンダントなどに加工して身につける人もいます。

お墓や埋葬のルールについては「墓地、埋葬等に関す

改葬の主なタイプ

❶ すべての遺骨を移動する

移転先に新しい墓石を建てて、現在のお墓の遺骨をすべて移転する。

❷ すべての遺骨と墓石を移動する

移転先の寺院・霊園から許可を得た場合には、遺骨だけでなく墓石の移動も可能。

❸ 遺骨の一部を移動する

複数の骨壺の一部を移転させて別のお墓で供養する。現在のお墓はそのまま残る。

❹ 分骨する

故人の遺骨を2ヵ所以上に分けて供養する。通常の改葬とは別の手続きが必要。

る法律」で定められています（略して墓埋法《ぼまい》。埋葬法とも呼ばれる）。改葬を行う場合は、この法律で定められた規則に従って手続きを進めていく必要があります。

現在のお墓の管理者から承諾を得る

改葬の手続きを行うさいは、事前に家族や親族などと改葬について十分に話し合うことが必要です。自分だけで勝手に改葬を決めると、家族や親族から反対されて計画が頓挫《とんざ》してしまう可能性があります。また、現在のお墓がある寺院や霊園の管理者へも、改葬の理解が得られるよう、ていねいに説明しましょう（Q67参照）。

以下、改葬の具体的な手続きについて、順を追って説明します。

❶改葬先の墓地を購入し、「受入証明書」を受け取る

墓石店などに相談し、移転先の候補地をいくつか見学し、納得したところで購入します。新しい墓地からは、受入証明書（墓地使用許可証）が発行されます。

❷現在のお墓がある役所で「改葬許可申請書」を受け取る

現在お墓がある市区町村役場へ行き、改葬許可申請書を発行してもらいます（埋葬されている遺骨1人につき1枚必要）。それに記名・押印をしておきます。

❸現在のお墓の管理者から「埋蔵証明書」を受け取る

現在のお墓がある寺院や霊園の管理者から改葬の許可を得たら、埋蔵証明書に記名・押印をしてもらい、これを受け取ります。あらかじめお墓の管理者に改葬の理由を説明していれば、もめることなく手続きがスムーズに進むはずです。自治体によっては、❷の改葬許可申請書の所定欄にお墓の管理者が記名・押印し、これを埋蔵証明書として扱う場合もあります。

❹現在のお墓がある役所で「改葬許可証」の交付を受ける

現在のお墓がある市区町村役場に、❶の受入証明書と、必要事項を記入した❷の改葬許可申請書、❸の埋蔵証明書を提出します。書類に不備がなければ、改葬許可証が交付されます。

❺遺骨の取出しと閉眼供養

現在のお墓の管理者に改葬許可証を提示し、お墓に納骨されている遺骨を取り出します。遺骨を取り出す前に菩提寺の住職などにお願いして、墓前でお経《きょう》を読んでもらう「閉眼供養（魂抜き、お性根《しょうこんぬ》抜きともいう）」などの儀式を行うのが一般的です。

このような儀式がすんだら、石材店に遺骨をお墓から取り出してもらいます。そして、古い墓石を撤去してもらい、更地に整地してお墓の管理者に返却します。

ちなみに、取り出した遺骨を新しいお墓に移転させず、手元供養など別の形で供養する場合には「墓じまい」となり、手順もここまでで終了となります（Q69も参照）。

❻新しいお墓への納骨と開眼供養

新しい寺院や霊園の管理者に❹の改葬許可証を提出し、新しいお墓に納骨します。そのさい、お寺の住職に墓前でお経を読んでもらう「開眼供養（魂入れ、お性根入れともいう）」を行います。これで、改葬は終了します。

必要な書類の数は多いものの、手続き自体はさほど複雑ではありません。1つひとつの書類の申請と入手をていねいに行ってください。

改葬の主な手続き

❶「受入証明書」の受取り

新しい墓地を用意し、移転先の墓地管理者に受入証明書（墓地使用許可証、永代使用許可証などともいう）を発行してもらう。

❷「改葬許可申請書」の受取り

現在のお墓がある市区町村役場で改葬許可申請書を受け取る。

❸「埋蔵証明書」への記名・押印

現在のお墓の管理者の理解を得たうえで、埋蔵証明書に記名・押印をもらう。自治体によっては、❷の改葬許可申請書の所定欄にお墓の管理者が記名・押印したものを、埋蔵証明書として扱う場合もある。

❹「改葬許可証」の交付

現在のお墓がある市区町村役場に❶の受入証明書、❷必要事項を記入した改葬許可申請書、❸記名・押印ずみの埋蔵証明書を提出し、改葬許可証を交付してもらう。

❺ 遺骨の取出しと閉眼供養

現在のお墓の管理者に改葬許可証を提示し、遺骨を取り出す。遺骨を取り出す前には、「閉眼供養」を行う。その後、石材店に遺骨をお墓から取り出してもらう。古い墓石を撤去し、更地にしてお墓の管理者に返却する。

すべての遺骨を取り出し、別のお墓に移さない場合には「墓じまい」となる。

❻ 新しいお墓への納骨と開眼供養

新しいお墓の管理者に改葬許可証を提出し、以前のお墓から取り出した遺骨を納骨する。そのさいには「開眼供養」を行う。

Q67 改葬はトラブルが多いと聞きました。どんなトラブルがありますか?

A 親族からの反対、お墓の管理者が埋蔵証明書に署名してくれないなどのトラブルが多発。

改葬を行うさいには、トラブルが起こりやすいとされています。

その代表が、親族とのトラブルです。「○○家代々の墓」には、祖父母や曾《そう》祖父母など先祖代々の遺骨が納められています。お墓を継承した人が誰にも相談せず勝手に改葬を決めてしまったことで、親族から反対や反発があったというのはよく聞く話です。そうなると、今後の親族間のつきあいにも悪影響を及ぼします。

あらかじめ親族としっかり話し合い、合意を得ておくことが大切です。もちろん、新しい墓地を決めるさいには少なくとも家族全員が納得できる地域を選び、お墓参りに支障をきたさないように配慮することも大事です。

先祖代々の遺骨を納めている菩提寺《ぼだい》（寺院・霊園）とのトラブルも多いとされています。現在のお墓の管理者に改葬を拒否する権利はありませんが、この管理者の許可なしには、改葬の手続きを進めることはできません。市区町村役場に提出する「埋蔵証明書」への記名・押印になかなか応じてもらえない可能性もあります。改葬のさいには、多額の離檀料（檀家をやめるときに支払うお金）が発生することもあります。

いずれにしても、改葬することを決意したら、できるだけ早く現在のお墓の管理者に面会し、改葬する理由をていねいに説明することが大切です。これまでの感謝の気持ちを述べつつ、改葬を願い出ましょう。

意外に多いのが、「永代《えいたい》使用料」に関するトラブルです。お墓を購入するさいには、寺院や霊園に「永代使用権（永代にわたってお墓を使用できる権利）」を取得するために永代使用料を支払いますが、「改葬により永代使用権を返還するのだから、この使用料は戻ってくる」と考える人がいるのです。

しかし、原則として「永代使用料は返金されないもの」と心得ておきましょう。

Q68 いずれ実家のお墓に入ります。お墓の管理代行サービスがあるそうですが？

A お墓の掃除やお墓参りを代行してもらえるうえに、代行前後の写真も送ってくれる。

今は都会で仕事をしているが、定年退職したあとは郷里に帰り、ゆくゆくは自分も先祖代々のお墓に入りたい、と考えている人は多いでしょう。**改葬（Q65・66参照）や墓じまい（Q69参照）は考えておらず、なおかつ現在の実家のお墓が荒れないようにしておきたい、と考えるのであれば、お墓を管理してもらえる「お墓の管理代行サービス」を利用してみてはいかがでしょうか。**

お墓の管理代行サービスの内容は、具体的には「お墓の掃除」と「お墓参り」があります。

●お墓の掃除

墓石の汚れ落とし、雑草取りや落ち葉などの掃き掃除など、お墓をきれいに清掃してくれます。

●お墓参り

花や供え物を墓前に供え、お線香をあげて、家族に代わって合掌礼拝をしてくれます。お供え後は、片づけもしてくれます。

また、こうした代行作業の終了後、清掃前と清掃後の写真を送付してくれます。中には、お墓参りのようすをインターネットで中継してくれるところもあります。

料金の目安としては、業者にもよりますが、1回につき1万～2万円程度が多いようです。敷地の広さや花代、供物代などによっても料金は異なります。

最近では、「ふるさと納税の返礼品」として、お墓の管理代行サービスを行う自治体も増えています。実家のお墓の自治体がこうした返礼品を用意していないか、チェックしてみるといいでしょう。

日本では昔から、お伊勢参りなど、代理人による神社仏閣への参詣《さんけい》を依頼してきた歴史があります。また、誰もお墓参りに行かず、全く手入れをしないと、お墓は荒れ果てるばかりです。「大切な先祖の弔《とむら》いを他人に任せるのは心苦しい」などと考え、お墓の管理代行サービスの利用をためらう必要はないでしょう。

Q69 墓じまいを考えています。先祖代々のお墓をなくすのは罰当たりですか？

A 「遺骨の引っ越し」と考えれば気がらくになる。供養の形を変えるだけのこと！

核家族化・少子化が進んだことや、お墓に対する考え方が変わってきたこともあり、先祖代々のお墓を次の世代に引き継いでいくのが難しい時代になってきました。

そうした状況を受けて、最近では、「墓じまい」をする人が増えています。墓じまいとは、お墓からすべての遺骨を取り出して墓石を撤去し、更地にしてお墓の管理者（菩提寺《ぼだい》の住職など）に返却することをいいます。

いったん墓じまいをすると以前の状態には戻せないので、事前に親族を含めて十分検討してください。

親族などの合意を得たら、次には、お墓の管理者に、墓じまいの意思を伝えます。そのさいには、後継者がいないなど、墓じまいをする理由もていねいに説明しましょう。そして、今までお世話になったお礼と感謝の気持ちを伝えます。

こうしてお墓の管理者の承諾を得たら、墓じまいの手続きを行います。

手続きのやり方は、Q66を参考にしてください。現在のお墓がある市区町村役場で改葬許可申請書を入手する→現在のお墓の管理者に埋蔵証明書へ記名・押印してもらう→市区町村役場から改葬許可証を受け取る、といった手続きを経て遺骨を取り出します。

遺骨を取り出すさいは、菩提寺の住職などに読経してもらい、「閉眼供養（魂抜き、お性根抜《しょうこんぬ》き）」を行った後、石材店に遺骨を取り出してもらいます。

改葬では取り出した遺骨を新しいお墓に移しますが、墓じまいの場合は、個別のお墓には納骨せず、別の形で供養します。具体的には、寺院・霊園などの合葬墓・合祀墓《ごうし》、納骨堂などに納めます。シンボルツリーの周囲に散骨する樹木葬や、自宅の仏壇に納める手元供養という方法もあります（Q59参照）。**墓じまいは「遺骨の引っ越し」であり、先祖代々のお墓をなくすというよりも「供養の形を変える」と考えたほうがいいでしょう。**

第6章

相続に備える生前手続き①

生前贈与・税金についての疑問17

▶Q70～86◀

回答者

佐藤正明税理士・社会保険労務士事務所所長
税理士 社会保険労務士 日本福祉大学非常勤講師
佐藤正明《さとうまさあき》

2024年1月から生前贈与ルールが改正！暦年贈与は今すぐ始めたほうが有利に

私たちももうすぐ50歳 相続税が心配だわ
あなたが死んだら納めるのは私と子供たち
この家の評価額だけで8千万円は下らないわ
鈴木祐一（49歳）
祐一の妻・正子（49歳）
その場合には相続税の基礎控除額内に収まらない したがって…
終活博士
相続税が課税される
相続税の基礎控除額
3,000万円＋600万円×法定相続人の数
※法定相続人が3人の場合
3,000万円＋1,800万円＝4,800万円
預貯金や株や債券が現在2千万円はある これからもっと増えると…
相続税も増えていく
課税対象額が1千万円以下なら税率は10％じゃが これを超えると15％ 3千万円超なら20％ 5千万円超なら30％と累進的に増えるのぉ
30%
20%
15%
そ……そんなに！
どうしたらいいのかしら？

生前贈与を行うといい
死後の家族の負担を減らすという意味でこれも生前整理・手続きの1つじゃ
そうか子供たちに財産を贈与してしまえば課税対象額を減らせるってわけだ
私への贈与も忘れたらダメよ
私たち財産をもらえるの？
ただし贈与税の税率は相続税よりずっと高いぞ
長女・英恵
長男・幹彦
うまくやるには年間110万円以下の基礎控除を使う暦年贈与が一般的だな
なるほど！おれたち3人が毎年110万円ずつ贈与を受ければ無税ってわけだ
ただし毎年110万円ずつ数年にわたり贈与し定期金の贈与と見なされると課税されるから要注意じゃ
110万
110万
110万
また暦年贈与は2024年から生前贈与ルール改正で不利になる（※）やるなら早く始めたほうがいい
なるほど！早く始めたら有利になるってわけか！
お父さん頼んだわよ！
わかったよ〜

※くわしくは Q78 参照

Q70 そもそも生前贈与って何？どんなメリットがありますか？

A 生きているうちに、家族などに資産を譲ること。相続税が安くなるなどメリットが多い。

贈与とは、「あげる」「もらう」といった贈与者と受贈者の契約に基づいて財産などが無償で移転すること。贈与のうち、生きているうちに（生前に）家族などへ財産を譲る（贈与する）ことを「生前贈与」といいます。

それに対して相続とは、被相続人（故人）の死亡によって一方的に財産が移転することです。相続財産の評価額が基礎控除額（3000万円＋600万円×法定相続人の数）を超えると相続税がかかります。

そのため、生前に資産の一部を贈与して課税対象の相続財産を減らせば、相続税がかからなくなるか、少なくとも相続税を軽減できることになるのです。

とはいえ、すべての財産を贈与で移転する行為がまかり通ってしまうと相続税は成り立ちません。そこで過度な贈与を抑えるため、贈与に対して相続税の税率よりも高い税率の贈与税が課されることになっています。

相続税も贈与税も、課税対象の財産が多いほど高い税率が適用される「超過累進税率」が適用される仕組みになっています。そこで生前対策としては、大まかな相続税を試算して、この相続税率より低くなる贈与税率が適用される財産の範囲内で贈与するのです。こうすれば相続税の総額を低く抑えることができます。

また、相続では財産を承継できるのは法定相続人または遺言による取得者（受遺者）で、法定相続人なら法定相続分の財産が分配されます。しかし、生前贈与であれば、贈与者の意思によって、任意の時期に、法定相続人以外の人にも財産を譲ることが可能です。

暦年課税と相続時精算課税は二者択一

「相続＝争族」ともいわれるように、相続にはトラブルがつきものです。しかし、生前贈与では、贈与者が受贈者やそれ以外の相続人などに直接贈与の意向を伝えられるため、関係者の理解を得やすくなります。

生前贈与で非課税となる方法には、主に「暦年課税」と「相続時精算課税制度」の2つがあります。まとまった現金や不動産などを贈与するには、最大2500万円まで非課税になる相続時精算課税制度が便利ですが、年間110万円まで（基礎控除）が非課税になる暦年課税のほうが多く利用されています。

暦年課税の基礎控除は受け取る人（受贈者）ごとに適用されるので、例えば夫Aから妻Bと子Cと子Dに110万円ずつ合計330万円贈与しても贈与税はかかりません。しかし、子Cが父（夫A）から90万円、母（妻B）から50万円の贈与を受けると、110万円を超えるので、超過分の30万円に対し贈与税がかかります。

なお、いったん相続時精算課税制度を選ぶと以後、暦年課税による暦年贈与は行えなくなります。どちらの制度が自分に適しているか、慎重な判断が必要です。

生前贈与は、早めに行いましょう。生前に贈与した財産は基本的に相続財産から除かれますが、相続発生前3年以内（2024年1月以降は7年以内）に行った暦年贈与は相続税の課税対象になってしまうからです。

もう1つ注意が必要です。民法では法定相続人が一定割合の財産を相続できる権利が保障されています。これを「遺留分」といい、生前贈与や遺言によって遺留分が侵害された相続人（遺留分権利者）は、遺留分を請求する「遺留分侵害額請求」を行うことができます。

生前贈与では、誰に、どれだけの財産を贈るかは自由ですが、トラブルを未然に防ぐためにも、こうした各相続人の遺留分に配慮して贈与を行うことが重要です。

生前贈与のメリット・デメリット

メリット	◉相続財産を減らして相続税を節税できる ◉法定相続人以外にも財産を譲れる（財産を贈与する時期や相手を自由に選べる） ◉贈与者の意思を関係者に直接伝えることで相続トラブルを防げる ◉暦年贈与なら年間110万円まで非課税 ◉相続時精算課税制度なら2,500万円まで非課税
デメリット	◉基礎控除額を超える贈与には高率の贈与税がかかる ◉相続発生前３年以内（2024年１月１日以降は７年以内）に行った贈与は相続税の課税対象になる ◉遺留分を侵害すると、遺留分侵害額請求が行われる可能性がある

Q71 財産は自宅を含め相続税の基礎控除内に収まるはず。生前贈与は必要ですか？

A 税金面だけの問題ではなく、生前贈与なら感謝の気持ちを直接感じ取れることに！

生前贈与の目的は、相続税対策だけではありません。子供や孫が家を建てるさいの住宅資金、習い事や留学などの教育資金、結婚式や披露宴などの結婚資金を援助することも、贈与に該当します（Q83〜86参照）。

贈与による「あげる」「もらう」という行為を通じ、もらった人は感謝の気持ちを抱き、あげた人はお礼の言葉を聞くこともできます。どんなに親しい関係であっても、思いやりや気づかいを忘れず、感謝を言葉で示すことは、お互いの心を豊かにしてくれます。大切なお金の使い方として、これはとても重要なことです。

では、どのくらいの財産があったら相続税がかかるのでしょうか。

相続税の基礎控除額は2015年1月から大幅に改正（4割カット）され、「3000万円＋600万円×法定相続人の数」に縮小されました。配偶者と子供2人が相続する場合、改正前は8000万円まで非課税でしたが、改正後は4800万円（子供2人だけなら4200万円）を超えると相続税がかかります（左ページの表参照）。

財産は自宅と土地くらいと思っていても、金融資産や貴金属、ゴルフ会員権なども相続税の課税財産に含まれます。取得価格や時価を確認しておきましょう。

気をつけたいのは、実質的に相続財産と同様の効果（価値）があることから、「みなし相続財産」と呼ばれる死亡保険金、死亡後3年以内に支給額が確定した死亡退職金などです。どちらにも「500万円×法定相続人の数」の非課税枠があるものの、相続人の数が少ないと、この非課税枠を超える可能性があります。

生命保険は、契約者（保険料負担者）・被保険者・受取人が誰かによって課税方法が異なり、相続税がかからなくても所得税や贈与税が課されることがあります。契約内容を確認し、相続財産に該当するのか、どんな税が課されるのかを理解しておきましょう。

相続税について

●相続税の基礎控除額

※まず、「600 万円×法定相続人の数」から計算。
ここでは、わかりやすく（　）で囲んで表記。

3,000万円＋（600万円×法定相続人の数）

●相続税の早見表

遺産総額	配偶者と子供			子供のみ		
	子１人	子２人	子３人	子１人	子２人	子３人
4,000万円	−	−	−	40万円	−	−
5,000万円	40万円	10万円	−	160万円	80万円	20万円
6,000万円	90万円	60万円	30万円	310万円	180万円	120万円
7,000万円	160万円	113万円	80万円	480万円	320万円	220万円
8,000万円	235万円	175万円	138万円	680万円	470万円	330万円
9,000万円	310万円	240万円	200万円	920万円	620万円	480万円
１億円	385万円	315万円	263万円	1,220万円	770万円	630万円
２億円	1,670万円	1,350万円	1,218万円	4,860万円	3,340万円	2,460万円
３億円	3,460万円	2,860万円	2,540万円	9,180万円	6,920万円	5,460万円

●死亡保険金の課税関係（契約者＝保険料負担者）

契約者	被保険者	受取人	課税方法
父	父	母・子など（法定相続人）	相続税（非課税枠あり）
父	父	友人など（法定相続人でない）	相続税（非課税枠なし）
子	父	子	所得税・住民税
母	父	子	贈与税

Q72 生前贈与をしても税務署が認めず相続税がかかることがあるって本当ですか?

A 贈与は「あげる人」「もらう人」両者の合意がなければ成立しない。

贈与は「あげる人（贈与者）」と「もらう人（受贈者）」の双方の合意によって成り立つ行為です。そのため、一方が「お金を贈与した」と主張しても、もう一方が「贈与は受けていない」という認識だとしたら、生前贈与が成立したとは認められません。

例えば、父が娘名義の口座を開設し、毎年110万円ずつ振り込んだとします。相続発生後、娘は遺品の中から自分名義の預金通帳を発見したものの自分名義だったため、相続財産に含めずに相続手続きを終了してしまう、といったケースです。実は、こうしたケースは多く、税務調査が行われると問題を指摘され、相続手続きのやり直しが必要になるかもしれません。

最大の問題は、娘が贈与の事実を知らなかったことです。父からの一方的な振込みであり、双方の合意がないため、贈与として成立しないことになります。つまり、こうしたお金は相続財産に加算されてしまうのです。

このように被相続人（故人）の名義でなくても、相続財産に含まれる預貯金を「名義預金」といいます。子供名義の預金はもちろん、妻が自分名義で貯めた「へそくり」も、原資が夫（被相続人）の収入ならレッドカードです。名義人本人が預金口座の存在を知らない、被相続人が通帳や印鑑を管理していたといったケースのほとんどが名義預金に該当します。

贈与税対策の基本は、毎年同じ額の贈与を行わないこと（Q77参照）。贈与を思い立ったときに贈与をしたり、休止期間を設けたりして、贈与額を変更したり、たまには少額の贈与税を納付するというのもいいでしょう。

名義預金と見なされないための対策

❶贈与契約書を交わす
（お互いの意思確認のため）
❷銀行への振込記録を残す
❸名義人本人（受贈者）が預金を管理する

Q73 生前だけでなく贈与は死亡時にもできるそうですが、どんな利点がありますか？

A 遺言による「遺贈」もでき、生前贈与とほぼ同様の効力が得られる。

資産の渡し方には、相続と贈与に加えて「遺贈」という方法があります。被相続人（故人）の死亡によって財産が相続人に包括的・一方的に移転することが相続であるのに対し、**遺贈は「遺言書」によって財産の一部または全部を一方的に移転させることをいいます。**

移転する財産を3分の1などと割合で指定する方法を**「包括遺贈」**、土地や株式など個々に指定する方法を**「特定遺贈」**といいます。遺贈によって財産を贈る人を**「遺贈者」**、受け取る人を**「受遺者」**といいますが、受遺者は法定相続人でなくてもかまいません。

一方、**契約に基づいて財産を移転させる贈与のうち、死亡が条件になっている贈与を「死因贈与」といいます。**死因贈与と遺贈は生前贈与と同じく生前に財産を譲る相手を決められる仕組みで、法定相続人以外にも残せます。ただし、次のような違いがあります。

遺贈は、相手（受遺者）の同意がなくてもできますが、受遺者から放棄される可能性があり、遺言書に不備があると無効になる可能性もあります。それに対して死因贈与は、双方の合意による契約なので、一方的な贈与も、一方的な放棄もできません。

法定相続人に不動産を遺すなら、不動産取得税がかからない遺贈がベストです。一方、受遺者に介護などの負担条件をつけたい場合には、死因贈与が適しています。

遺贈と死因贈与の比較

	遺贈	死因贈与
方法	正規の遺言書が必要	口頭でもできるが、契約書を作るべき
撤回	○遺言者の意思で自由に撤回できる	×相手の同意がなければ撤回できない
放棄	○受贈者の判断で一方的に放棄できる	×放棄できない
合意	贈る相手に知らせなくてよい	贈る相手と合意契約が必要
債務	包括遺贈では債務も承継する	債務は承継しない

Q74 生前贈与で贈与税がかかる資産とかからない資産を教えてください。

A 香典・見舞金・生活費・教育費など、一定要件を満たせば課税されない資産も多い。

所有財産のうち**価値がある金融資産（現金、預貯金、有価証券、不動産、家財、自動車、著作権など）を無償で受け取ると、原則として、贈与税がかかります。**ただし、暦年贈与（Q77参照）なら1年間（1月1日～12月31日）に110万円、相続時精算課税制度（Q79参照）なら累計で2500万円の非課税枠があります。

一方、社会通念上「相当」と認められる香典・見舞金や、親が子供に渡す生活費・教育費、離婚時の財産分与、特定の奨学金などには贈与税がかかりません。なお、法人からの贈与に贈与税はかかりませんが原則、一時所得と見なされて所得税などがかかります。

一般的な贈与で取得した財産以外にも、贈与で取得したと見なされる「みなし贈与財産」があります。

代表例が保険金で、保険料を払い込んだ人とは別の人が保険金を取得すると、原則として保険料を支払った人から受取人への贈与と見なされ、贈与税が課されます。例えば、父が契約者（保険料負担者）で母が被保険者、受取人が長女という契約で、父が保険料を払い込み、長女が母の死亡保険金を受け取った場合は、父から長女への贈与と見なされます。

借金の免除や肩代わりも課税対象になる

同様に、次の❶❷の場合も贈与税がかかります。

❶父(夫)が契約者で保険料を払い込み、父以外の人が受取人になり満期保険金を受け取った場合

❷父が契約者、母(妻)が被保険者で、父が保険料を払い込んだ年金保険を母が受け取った場合。このような契約形態では、さらに母が受け取る年金は雑所得となり、所得税などもかかります（左ﾍﾟｰｼﾞ上の表参照）。

気をつけたいのは「債務免除」で、借金の免除や肩代わりにも贈与税がかかります。親が子供の借金を肩代わりした場合も原則、親から子供への贈与と見なされます。

贈与税がかかる資産・かからない資産

●贈与税がかかる保険の例

種類	契約者	被保険者	受取人
死亡保険金	母（妻）	父（夫）	子供（長女など）
満期保険金	父（夫）	問わない	父（夫）以外
年金保険＊	父（夫）	母（妻）	母（妻）

＊この形態の年金保険では、母が受け取った年金に所得税などもかかる

●贈与税がかからない財産

【相続税で定められた非課税財産】

項目	非課税の範囲
法人から個人への贈与	贈与税は非課税（一時所得として所得税や住民税がかかる）
扶養義務者からの贈与	生活費や教育費（通常必要とされる範囲の贈与）

【実務上認められた非課税財産】

項目	非課税の範囲
香典・祝い金・見舞金	社会通念上「相当」と認められるもの
離婚時の財産分与	社会通念上「相当」と認められるもの

●相続税がかかる「みなし贈与」財産

項目	課税の範囲
生命保険金	保険料を負担していない人が保険金を受け取ったとき（例えば、父：保険契約者＝保険料負担者、母：被保険者〈死亡者〉、長女：受取人）
定期金	契約者以外の人が受取人になっている年金など
債務免除	借金の免除や肩代りをしたとき（債務者の弁済が困難な場合を除く）
低額譲渡	著しく低額で財産を譲り渡したとき（債務者による弁済が困難な場合を除く）
共有持分の放棄	共有者が持分を放棄し、他の共有者の持分が増えたとき
その他	上記以外で、なんらかの利益を受けたとき

Q75 生前贈与で贈与税が課される場合、税金は誰が、いくら納付しますか？

A 贈与を受けた人が、贈与税の控除額を超えた分の税金を納付することになる。

贈与税の課税方法には暦年課税（Q77参照）と相続時精算課税制度（Q79参照）があり、**贈与を受けた人がそれぞれ贈与税額を計算し、必要であれば納税をします。**

暦年課税では、贈与税の対象となる財産（本来の贈与財産＋みなし贈与財産）から非課税贈与財産を差し引き、贈与財産の価額を求めます。ここから基礎控除（110万円）や配偶者控除を差し引き、この控除後の課税価格に応じた税率を乗じて算出します。

例えば、暦年贈与で120万円を贈与した場合、基礎控除の110万円を差し引くと10万円。適用税率は10％なので、贈与税額は1万円となります。

なお、直系尊属（父母や祖父母）から、贈与を受ける年の1月1日時点で18歳以上の子供や孫への贈与は「特例贈与」となり、一般の贈与よりも低い税率が適用されます（左ジペー上の表参照）。また、海外にある財産を贈与された場合は、海外で課された税金相当分を贈与税額から控除することができます（外国税額控除）。

もう1つの相続時精算課税制度では、贈与合計額が2500万円を超えた部分に一律20％の税率で贈与税が課されますが、2024年1月1日以降の贈与であれば年間110万円までは課税されません。その後、相続が発生した時点で再計算されるさい、贈与で受け取った財産も相続財産に合算して相続税を計算し、すでに納めた贈与税があればそれも相続税から控除できます。また、納めた贈与税が相続税より多ければ、その差額が還付されます。

相続時精算課税制度を利用できるのは、原則として60歳以上の親から18歳以上の子供や孫への贈与に限られます（年齢は贈与を行う年の1月1日現在で判定）。

一度、相続時精算課税制度を選択すると、暦年贈与の非課税枠は使えなくなります。贈与の目的や内容に応じて使い分けましょう。

生前贈与の税金の計算

●暦年贈与の計算

【計算式】

贈与税額＝｛基礎控除（110万円）後の贈与額（課税価格）｝A ×適用税率 B ー速算控除額 C

【贈与税の速算表】

基礎控除後の贈与額A	特例贈与＝特例税率		一般贈与＝一般税率	
	適用税率 B	速算控除額 C	適用税率 B	速算控除額 C
200万円以下	10%	―	10%	―
300万円以下	15%	10万円	15%	10万円
400万円以下			20%	25万円
600万円以下	20%	30万円	30%	65万円
1,000万円以下	30%	90万円	40%	125万円
1,500万円以下	40%	190万円	45%	175万円
3,000万円以下	45%	265万円	50%	250万円
4,500万円以下	50%	415万円	55%	400万円
4,500万円超	55%	640万円		

●相続時精算課税制度

項目	課税の範囲
対象者	原則として60歳以上の直系尊属から18歳以上の子供や孫への贈与に限る（年齢は贈与した年の1月1日時点で判定）
暦年贈与との選択制	暦年贈与との選択制で、一度選択すると暦年贈与は使えなくなる。贈与者（父母や祖父母）と受贈者（子供や孫）それぞれについて選択できる
計算	非課税枠（2,500万円）を超えると、超えた分に20％の贈与税がかかる。2024年1月1日以降の贈与の場合、毎年110万円までは非課税。一定以上の災害を受けた場合は相続時に再計算
手続き	贈与を受けた翌年の3月15日までに相続時精算課税制度選択届出書を添付し、贈与税の申告手続きを行う（年間110万円以下の場合は申告不要）
相続発生時	贈与を受けた財産を相続財産に加算して相続税額を計算する。すでに納めた贈与税があれば控除し、納めた贈与税額が相続税額より多ければ、その差額が還付される

Q76 贈与税が非課税となる生前贈与の方法はどれくらいありますか？

A 贈与税をさける方法は主に8つある。可能なものを見つけて、できるものから実行を！

贈与税は税率の高い税金ですが、要件を満たすことで一定の金額まで非課税になる制度がいくつか設けられています。具体的には、「子供や孫への生活費や教育費の贈与」「年間110万円以下の贈与（暦年贈与）」「配偶者への自宅の贈与」「相続時精算課税制度」「住宅購入資金の贈与」「教育資金の贈与」「結婚・子育て資金の贈与」「障害者への贈与」の8つです。

以下、簡単に見ていくことにしましょう。

❶子供や孫への生活費や教育費の贈与

日々の生活費は社会通念上「相当」と認められる範囲であれば非課税です。この相当範囲の生活費や教育費なら、暦年贈与の非課税枠110万円を超えても贈与税はかかりません（Q74参照）。

❷年間110万円以下の贈与（暦年贈与）

暦年贈与を選択すると、毎年（1月1日から12月31日）、非課税枠110万円までの贈与が非課税になります（Q77参照）。

❸配偶者への自宅の贈与

婚姻期間が20年を超えた夫婦間の贈与で、居住用の不動産の贈与やその取得金額の贈与であって、贈与を受けた後も住みつづけるなどの条件を満たせば、同じ配偶者間で一生に1回だけ、2000万円（基礎控除と合わせて2110万円）まで非課税となります（Q80参照）。

❹相続時精算課税制度

60歳以上の直系尊属（父母や祖父母）から18歳以上の子供や孫への贈与は、2500万円（2024年1月1日以降の贈与には年間110万円までの非課税枠が加わる）まで非課税となります。超過分には20％の贈与税が課され、相続発生時にすでに支払った贈与税があれば相続税と相殺します（Q79参照）。

住宅資金や結婚資金の贈与も非課税に！

贈与税がかからない贈与

贈与の内容	贈与者	受贈者	非課税限度額	備考
生活費・教育費	扶養者（父など）	被扶養者（子供など）	—	社会通念上妥当な金額の範囲内
暦年贈与	誰でも	誰でも	110万円	左の限度額は1年間（1月〜12月）の贈与
配偶者への贈与	婚姻期間20年以上の夫婦		2,000万円	基礎控除を含めると2,110万円まで非課税
相続時精算課税制度	直系尊属（60歳以上）	18歳以上の子供や孫	2,500万円	2,500万円を超えた分は一律20%課税
住宅取得等資金	直系尊属	18歳以上の子供や孫	1,000万円	制度の期限は2026年12月まで
教育資金	直系尊属	30歳未満の子供や孫	1,500万円	制度の期限は2026年3月まで
結婚・子育て資金	直系尊属	18歳以上50歳未満	1,000万円	制度の期限は2025年3月まで
障害者への贈与	親族など	特別障害者	6,000万円	特別障害者扶養信託契約に基づいて財産を信託
		特定障害者	3,000万円	

同じく直系尊属から子や孫への贈与について一定の要件を満たせば、❺**住宅購入資金**は1000万円（2023年12月まで。Q86参照）、❻**教育資金**は1500万円（2026年3月31日まで。Q83参照）、❼**結婚・子育て資金**は1000万円までの贈与が非課税になります（2025年3月31日まで。Q85参照）。

❽**障害者への贈与**

特別障害者（精神または身体に法令で定められた重度の障害がある人）などの直系尊属が、特別障害者の扶養に関する費用を信託した場合は、6000万円（特別障害者以外の特定障害者は3000万円）まで非課税になります。特別障害者とは、具体的にいうと重度の心身障害者、中軽度の知的障害者および障害等級2級または3級の精神障害者などのことです。

Q77 毎年約100万円ずつ贈与して資産を減らしたい。注意点はありますか？

A 税務署に「定期金の贈与」と見なされると課税されるので要注意！

毎年100万円ずつ、10年間で1000万円贈与しても、基礎控除110万円以内の贈与なので贈与税は一切かかりません。このように、長期間にわたって贈与税を回避しながらコツコツ贈与するのが、「暦年贈与」です。

それに対して1000万円を一括で子供などに贈与した場合は、177万円という多額の贈与税がかかります。

しかし、暦年贈与をしても、「名義預金」や「定期金の贈与」と見なされると、思った以上の贈与税が課されることになります。次のような点に注意しましょう。

❶名義預金と見なされないために

口座を開設して暦年贈与を行う場合は、口座の存在を必ず受贈者（子供や孫）に知らせておき、通帳も印鑑も受贈者が管理することが大切です。こうすれば、名義預金と見なされることはさけられます。

❷定期金の贈与と見なされないために

毎年同じ日（例えば子供の誕生日など）に、同額を贈与するケースはけっこうあります。このような場合、あらかじめ贈与する額が決まっているので、定期金の贈与と見なされてしまう可能性も秘めています。

これをさけるには毎回、贈与契約を取り交わし、証拠が残るように銀行の振込記録を残すことです。そして、ときには贈与の形を変えて、株式で贈与する、金額を変える、休止期間をはさむといったことが有効です。あるいは、たまに110万円を超える贈与をして、最低税率（10％）の範囲内で贈与税を納めるのもいいでしょう。

❸相続発生に注意

相続開始前3年以内に行った贈与は「みなし相続財産」とされ、相続税の対象になります。2024年1月以降はこの3年以内が7年以内に延長され、延長された4年間に受けた贈与のうち総額100万円まで相続財産から除かれます。とはいえ、相続がいつ発生するかは誰にもわかりません。できるのは早めの贈与だけです。

Q78 2024年1月1日施行の生前贈与ルール改正のポイントはなんですか？

相続財産に加算される額は増えるが、相続時精算課税に年110万円の基礎控除が新設。

A

2023年度の税制改正により、65年ぶりに「生前贈与ルール」が2024年1月1日から大きく改正されます。改正のポイントは主に、以下の2点です。

❶相続財産に加算する生前贈与（毎年110万円までの暦年課税の非課税を含む）の対象期間が「相続開始前3年」から「相続開始前7年」に延長される

相続発生前3年以内の贈与は相続財産に持ち戻され、相続税の対象（＝生前贈与加算）となりますが、改正後はこの対象期間3年が7年に延長されます。

ただし、2024年1月以降に発生した相続からいきなり7年前にさかのぼって持ち戻されるわけではありません。対象期間が7年になるのは2024年1月1日以降の贈与なので、2026年12月31日までに発生した相続は3年以内の持戻しで影響はなし。2027年1月以降の相続から影響が出はじめ、持ち戻し期間が4年、5年と延び、2031年1月以降の相続から7年分が持ち戻されることになります。

暦年課税の仕組みはこう変わる

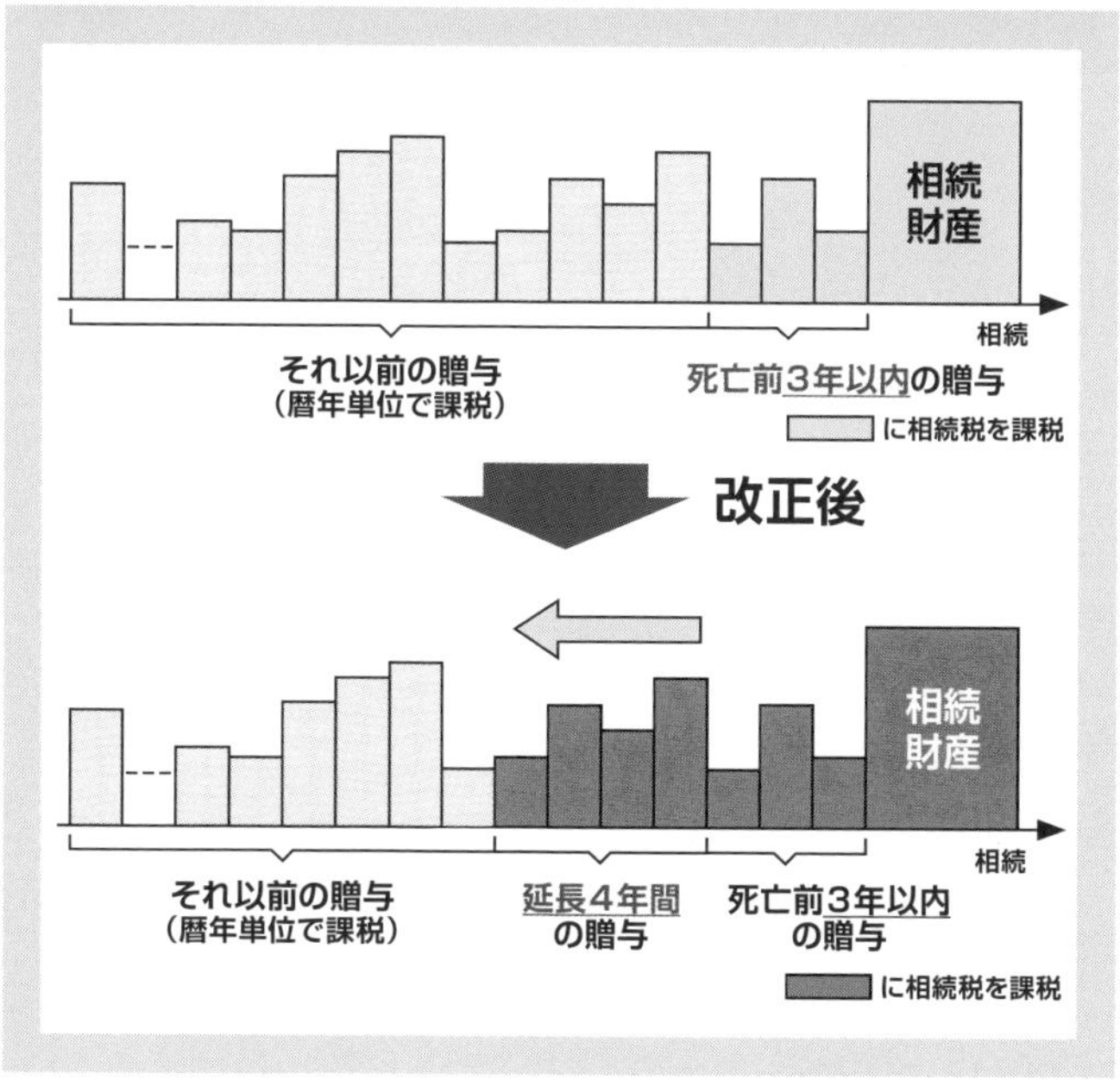

相続財産
相続
それ以前の贈与
（暦年単位で課税）
死亡前3年以内の贈与
に相続税を課税
改正後
相続財産
相続
それ以前の贈与
（暦年単位で課税）
延長4年間
の贈与
死亡前3年以内
の贈与
に相続税を課税

なお、延長される4年分（相続開始4～7年前の分）については、合計100万円が控除されます。

例えば、亡くなる10年前から毎年110万円を贈与していた場合、これまでは10年分1100万円のうち直近3年分330万円が相続財産に加算されました。改正後は7年分770万円から100万円が控除され、670万円が相続財産に加算されることになります。

❷相続時精算課税制度に年110万円の基礎控除が新設される

相続時精算課税制度（Q79参照）は累計2500万円まで贈与税がかからず、その代わりに相続発生時に贈与分を相続財産に加算して相続税を課税する制度です。ところが贈与時は非課税でも相続税がかかる可能性がある、毎年申告する必要がある、いったん相続時精算課税制度を選ぶと暦年贈与に戻れない（両者は二者択一制）などの理由から、あまり利用されていませんでした。

そこで、相続時精算課税制度に年間110万円の基礎控除を新設し、この精算制度の利用を促すのが今回の生前贈与ルール改正の目的の1つです。

つまり、改正後は暦年贈与の節税効果がやや薄れるのに対し、相続時精算課税制度にも110万円の控除ができる形となり、節税効果の上乗せが期待できます。

また、今回の改正では、「教育資金の一括贈与の特例」は2026年3月まで、「結婚・子育て資金の一括贈与の特例」は2025年3月まで、それぞれ延長されることになりました（Q83～85参照）。

相続時精算課税の仕組みはこう変わる

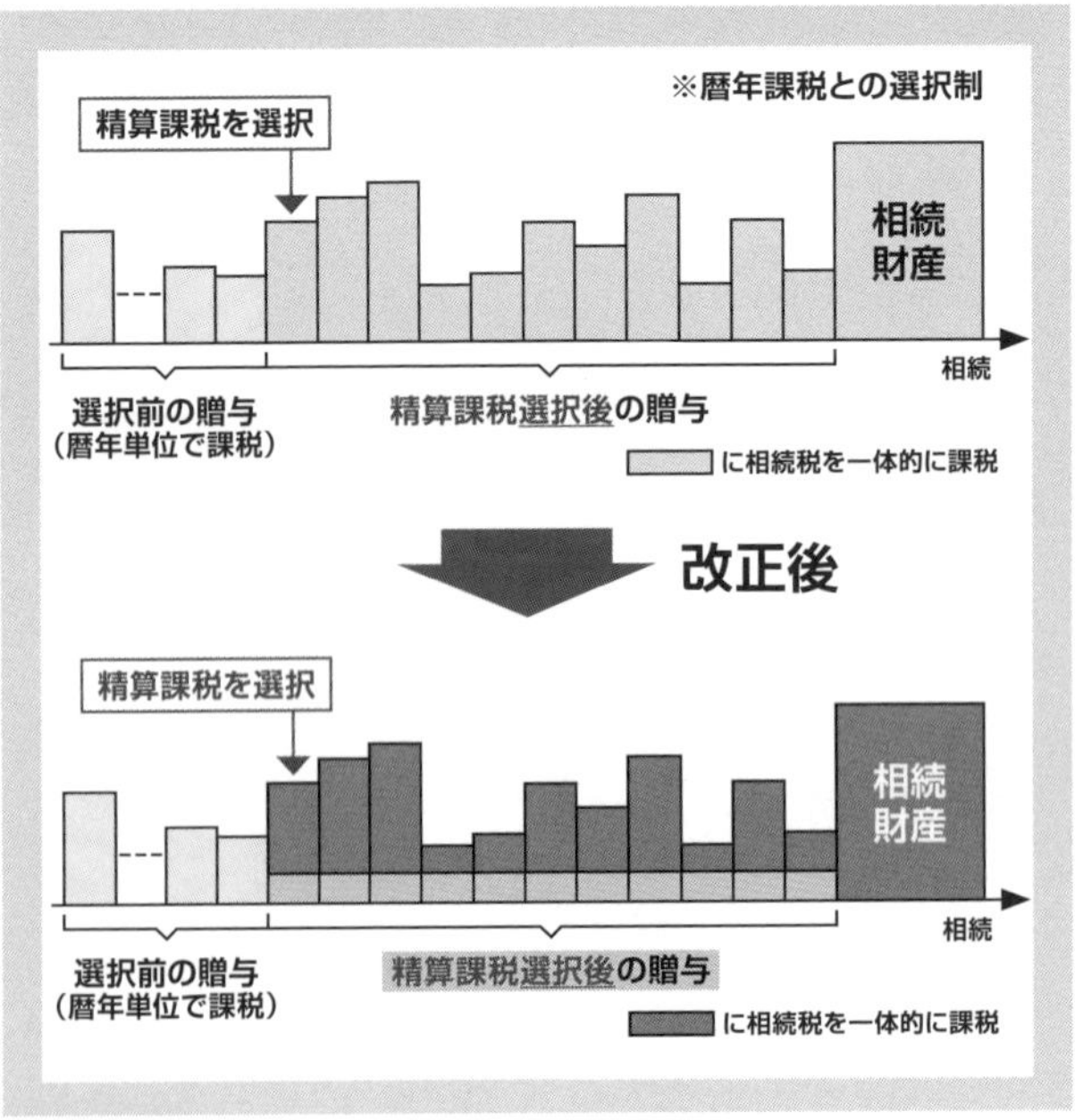
※暦年課税との選択制
精算課税を選択
相続財産
相続
選択前の贈与（暦年単位で課税）
精算課税選択後の贈与
に相続税を一体的に課税
改正後
精算課税を選択
相続財産
相続
選択前の贈与（暦年単位で課税）
精算課税選択後の贈与
に相続税を一体的に課税

Q79 2500万円までの贈与は税金がかからないと聞きました。本当ですか?

A 本当。ただし、贈与税の申告を行う必要があるので忘れないように注意しよう。

2500万円まで非課税で贈与できる仕組みが、「相続時精算課税制度」です。対象となるのは、原則として60歳以上の直系尊属（父母や祖父母）から18歳以上の子供や孫への贈与で、贈与者（父母など）は受贈者（子供や孫）をそれぞれ自由に選択できます。例えば、祖父と祖母がそれぞれ長男に2500万円ずつ贈与した場合、合計5000万円の贈与が非課税になります。

課税の仕組みは贈与額が累計2500万円になるまで非課税で、超過分については一律20%が課税されます。

そして相続発生時には、贈与された財産を相続財産に加算して相続税額を計算し、すでに納めた贈与税があれば相続税額から控除し、納めた贈与税額が相続税額よりも多ければ、その差額が還付されます。最初に贈与を受けた年の翌年3月15日までに相続時精算課税制度の選択の届け出を行い、贈与税の申告を行う必要があります。

こうして相続時精算課税制度を選択した後は、申告が必要です。年間110万円以下の贈与なら申告は不要となりますが、再び暦年課税に戻ることはできません。

節税効果を高めるための改正を実施

相続時精算課税制度は非課税枠が高額なので節税になるように思われますが、相続税の計算時に贈与財産を持ち戻すため、必ずしも節税効果が高いとはいえません。

そこで2024年6月以降の贈与について、年間110万円まで非課税とし、暦年課税の基礎控除と同様の節税効果が生じるように改められます。贈与財産は贈与時点の時価で評価されるので、値上がり確実な資産、収益性の高い賃貸物件や有価証券などについては節税の恩恵を受けられる可能性があります。

なお、不動産を贈与する場合、相続なら不要の不動産取得税がかかる、小規模宅地等の特例が使えなくなるなどのデメリットもあります。

Q80 妻に自宅を贈与したい。贈与税はかからないと聞きましたが、本当ですか？

A 最大2110万円までは非課税。ただし、それを超えると課税対象になるので要注意！

配偶者の資産形成に活用できるのが、結婚して20年以上たった夫婦にだけ適用される「贈与税の配偶者控除」です。これは「おしどり控除」とも呼ばれています。

贈与税の配偶者控除を使うと、長年連れ添った配偶者（受贈配偶者）に居住用不動産、または居住用不動産を取得するための資金を贈与する場合、最大で2000万円までが課税価格から控除されます。また、暦年贈与の基礎控除（110万円）と併用できるので、実際は2110万円まで非課税になります。

相続税の計算では、相続や遺贈によって財産を取得した人が相続の開始前3年以内に同じ被相続人から贈与を受けていた場合、その財産は相続財産に加算することになっています。しかし、贈与税の配偶者控除を受けた贈与財産は、相続税の課税価格に加えなくてもいいことになっています。

なお、この控除を使えるのは同一夫婦の間で1回だけであり、内縁関係の場合は認められません。

住まいと土地を一括贈与する必要はない

店舗兼住宅という居住用以外の持分を含む住宅の贈与を受けた場合は、居住用部分から優先的に贈与を受けたものとして申告することができます。その場合、居住用部分がおおむね90％以上であれば、すべてを居住用不動産として取り扱うことができます。

また、必ずしも住まい（家）と土地との一括贈与である必要はありません。住まいと土地のうち、住まいだけ、土地だけといった形での贈与も可能です。

土地は将来値上がりする可能性があると考えるのであれば、土地のみを贈与したほうが有利です。

しかし、将来、マイホームを売却する場合は、土地と建物を配偶者に贈与すれば、「居住用の3000万円の特別控除」を夫婦ともに適用でき、さらに有利です。

Q81 妻への自宅の贈与は、相続で自宅を譲るのと比べて税金面で有利ですか？

A 相続なら最大1億6000万円までが非課税になる。評価額も80％に減！

「贈与税の配偶者控除」を利用すれば、自宅の評価額のうち2000万円までは非課税になり、3年（2024年1月以降は7年）以内に相続が発生したとしても相続財産に加算されません（ただし、不動産取得税はかかる）。

一方、相続では相続税の基礎控除は「3000万円＋600万円×法定相続人の数」なので、法定相続人が配偶者のみでも3600万円まで非課税。さらに、配偶者は相続分のうち1億6000万円までが非課税となります。相続税の計算において「小規模宅地等の特例」を利用すれば評価額も最大80％減らせます。

配偶者への居住用不動産の贈与を行う場合は、相続税がかかるかを含めて検討するといいでしょう。

Q82 妻に自宅を贈与すると、妻は預貯金などの遺産を相続できなくなるって本当？

A 配偶者は、贈与された自宅が相続財産から外されるので心配不要！

民法が改正され、2020年4月以降に発生した相続について「配偶者居住権」が認められ、相続発生時に被相続人（故人）の配偶者は、自宅を相続しなくても居住していた自宅に終身または一定期間、住みつづけることができるようになりました。

配偶者居住権は、自宅より安い価格で相続財産を評価できるため、その分の預貯金などを多く相続でき、生活資金などを確保できるようになります。

配偶者居住権が認められるのは、遺産分割、遺贈、死因贈与、家庭裁判所の審判のいずれかによって取得した場合にかぎられます。なお、遺言書で遺贈するときは「相続させる」ではなく、「遺贈する」と書きましょう。

Q83 子供や孫に教育資金を贈与します。いくらまでなら贈与税はかかりませんか？

A 贈与する子供や孫が30歳未満なら、最大で1500万円までが非課税になる。

父母や祖父母などの直系尊属（贈与者）が、教育資金を一括して30歳未満の子供や孫（受贈者）に贈る場合、受贈者1人当たり1500万円まで贈与税が非課税となります（ただし、受贈者の前年の合計所得金額が1000万円を超える場合は利用できない）。

これを「教育資金の一括贈与に係る贈与税非課税措置（教育資金の一括贈与の特例）」（左ジペーの図参照）**といい、2026年3月31日までの時限措置なので、利用する場合は検討を急ぎましょう。**非課税となるのは学校関連の費用のほか、学習塾やスポーツ教室などの費用も1500万円のうち500万円までが認められます。

この制度を利用する贈与者（委託者）は、信託銀行などの金融機関に受贈者名義の専用口座を開設します。その専用口座に贈与者が入金した贈与資金を受贈者（受益者）が引き出す仕組みで、受贈者は学校や教室などに支払った教育費の領収書を金融機関に提出しなければなりません。

使い切らないと残金に贈与税がかかる

教育資金の一括贈与の特例における贈与契約は、受贈者が原則30歳に達した日（30歳の誕生日の前日）に終了します。非課税になるのはそれまでに使い切った分に限られ、その時点で残金があると、残額に応じて贈与税がかかります。ただし、受贈者が30歳に達した日に在学中、または教育訓練給付金の支給対象となる教育訓練を受講している場合は、事前に所定の届け出を行うことによって、最長40歳まで延長できる場合があります。

また、契約中に贈与者が亡くなると、受贈者が23歳未満または在学中、教育訓練受講中の場合を除き、死亡日時点の残額が相続財産に加算されます。なお、受贈者が孫の場合、取得した資金については相続税額が2割加算の対象となります。

教育資金の一括贈与の特例の仕組みと適用範囲

●教育資金の一括贈与の特例の仕組み

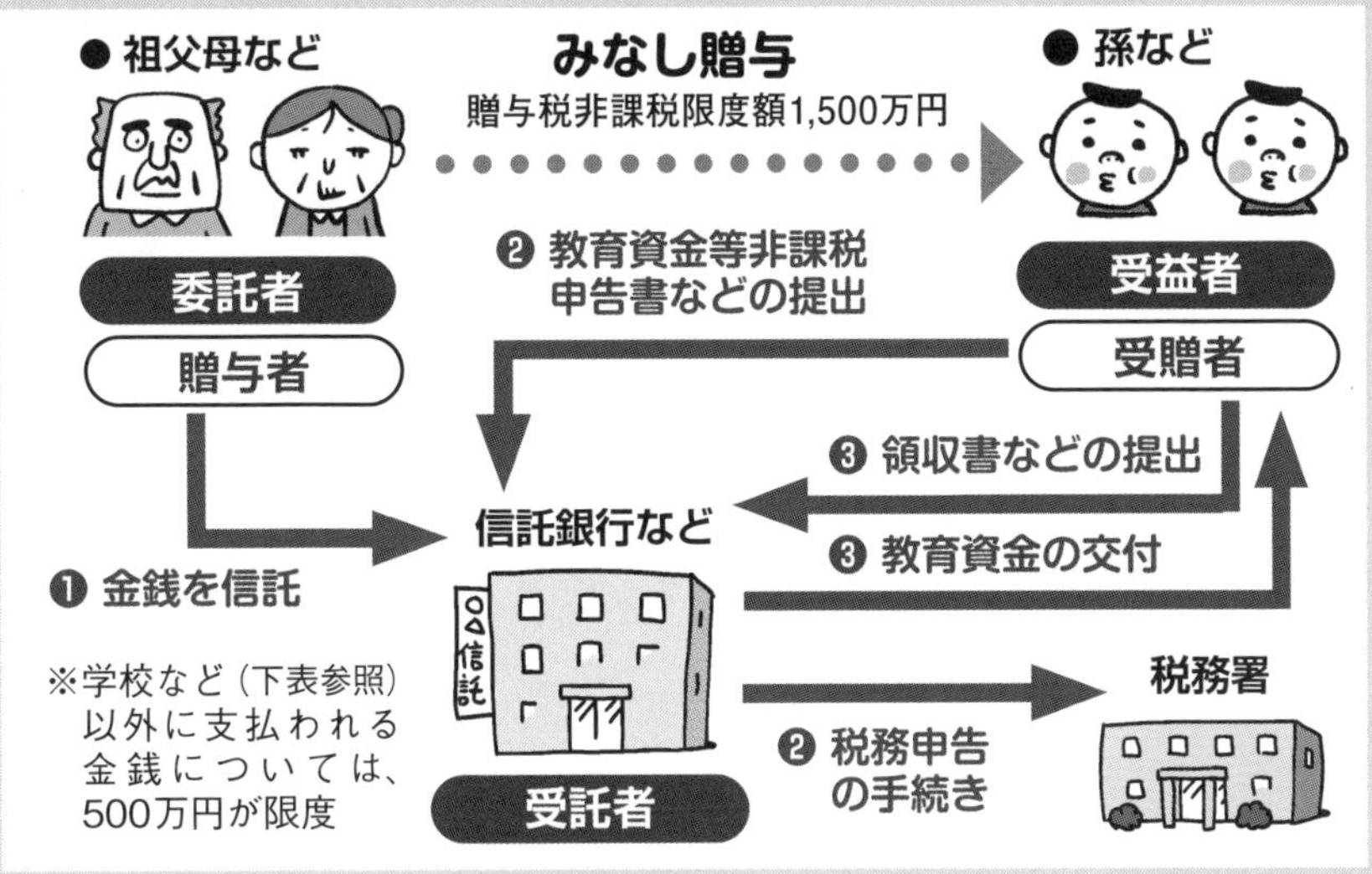
● 祖父母など
みなし贈与
贈与税非課税限度額1,500万円
● 孫など
委託者
贈与者
❷ 教育資金等非課税
申告書などの提出
受益者
受贈者
❸ 領収書などの提出
信託銀行など
❸ 教育資金の交付
❶ 金銭を信託
※学校など（下表参照）以外に支払われる金銭については、500万円が限度
税務署
❷ 税務申告
の手続き
受託者

●対象となる教育資金の範囲

❶学校などに支払われるもの

- 入学金、授業料、入園料、保育料、施設設備費、入学試験検定料など
- 学用品の購入費、修学旅行費や学校給食費など

※学校など……学校教育法で定められた幼稚園、小・中学校、高等学校、大学（院）、専修学校および各種学校、一定の外国の教育施設、認定こども園または保育所など

❷学校など以外に支払われるもの ➡非課税の上限：1,500万円のうち500万円まで
（社会通念上相当と認められるもの）

▶役務提供者や指導者に直接支払われるもの

- 教育（学習塾、そろばんなど）に関する指導料や施設の使用料など
- スポーツ（水泳、野球など）や文化芸術（ピアノ、絵画など）の指導料など
- 上記で使用する物品の購入代金

▶役務提供者や指導者以外に支払われるもの

- 制服や体操着など学校等が認めたものの購入費
- 通学定期券代、留学のための渡航費などの交通費

☞23歳以上の受贈者については、①学校などに支払われる費用、②学校などに関連する費用、③教育訓練給付金の支給対象となる教育訓練を受講するための費用に限定

Q84 教育資金の贈与は一括・複数回のどちらにするか迷っています。どっちがいい？

A 一括贈与の場合、30歳までに使い切れないと残金が課税対象になるので要注意！

学校の入学金や授業料、学習塾の費用などは、教育資金です。ただし、このように必要に応じて渡し、それを使い切っている場合には贈与税はかかりません。

教育資金を贈与する方法には、1500万円まで非課税となる「教育資金の一括贈与の特例」（Q83参照）と暦年贈与（非課税限度額110万円）がありますが、両者は併用が可能なので選択に悩む必要はありません。

教育資金の一括贈与の特例と暦年贈与の違いは「前もって一度に渡す」か、「扶養義務を超える額を必要となるたびに渡す（都度贈与）」かであり、通常は必要なときに必要な額を支援してあげればすむ話でしょう。

それに、例えば祖父母が通常必要と認められる孫の教育費や生活費を必要となるたびに贈与する都度贈与は、扶養義務の範囲に当たると見なされて、もともと非課税となります。都度贈与における非課税額の上限は定められていませんが、世間一般的な金額が目安です。

扶養義務を超える都度贈与を行う場合には、暦年贈与の非課税枠を利用することになります。そのさいは、手渡しではなく、口座振込にして贈与額や贈与日を記録し、さらに、使途を明確にするために領収書を保管しておくといいでしょう。

そうしたことを理解したうえで、教育資金の一括贈与の特例を検討してください。この特例を使うメリットがあるとすれば、多額の資産があって相続対策になる、受贈者が多額の教育費を必要としている（医学部進学や留学など）というケースくらいでしょう。

ただし、相続対策になるからといって、特定の子供や孫にだけ贈与すると、親族間の不和を招きかねません。

教育資金を一括贈与しても原則30歳までに使い切れないと贈与税が課され、子供や孫の負担を増やすことになるだけです。一括贈与は自身の資産を一度に減らす行為であることを念頭に置き、慎重に判断しましょう。

Q85 長女が結婚します。結婚資金や子育て資金を贈与すると課税されますか？

A 50歳未満の子供なら1人当たり最大1000万円まで非課税になる。

結婚や子育てには、子供などの受贈者1人当たり1000万円（結婚関係費用は300万円）まで非課税になる「結婚・子育て資金の一括贈与に係る贈与税の非課税措置（結婚・子育て資金の一括贈与の特例）」があります。

課税の仕組みは「教育資金の一括贈与の特例」（Q84参照）と同じで、父母や祖父母などの直系尊属（贈与者）が、結婚・子育て資金を一括して18歳以上50歳未満の子供や孫など（受贈者）に贈与する場合、受贈者1人当たり1000万円までの贈与が非課税となります。

受贈者の前年の合計所得金額が1000万円を超える場合は利用できません。2025年3月31日までの時限措置なので、利用する場合は検討を急ぎましょう。

使い切らなかった分には贈与税がかかる

結婚・子育て資金の一括贈与の特例を利用するためには、贈与者（委託者）は信託銀行などの金融機関に受贈者名義の専用口座を開設します。そこに贈与者が入金した贈与資金を受贈者が引き出す仕組みで、受贈者は結婚・出産・子育てのために支払った費用の領収書などを金融機関に提出しなければなりません。

この契約は受贈者が50歳に達した日（50歳の誕生日の前日）に終了します。非課税になるのはそれまでに使い切った分に限られ、その時点で残金があると、残額に応じて贈与税がかかります。

契約期間中に贈与者が亡くなると、死亡日時点の残額が相続財産に加算されます。また、受贈者が孫の場合、取得した資金が相続税の2割加算の対象となります。

教育資金の一括贈与の特例（Q83参照）の対象は原則として30歳まで、結婚・子育て資金のうち子育て資金は小学校就学前までなので、子供に結婚・子育て資金を贈与し、孫に教育資金を贈与することも可能。対象者が複数いる場合は不公平にならないように配慮しましょう。

結婚・子育て資金の一括贈与の特例について

●結婚・子育て資金の一括贈与の特例の仕組み

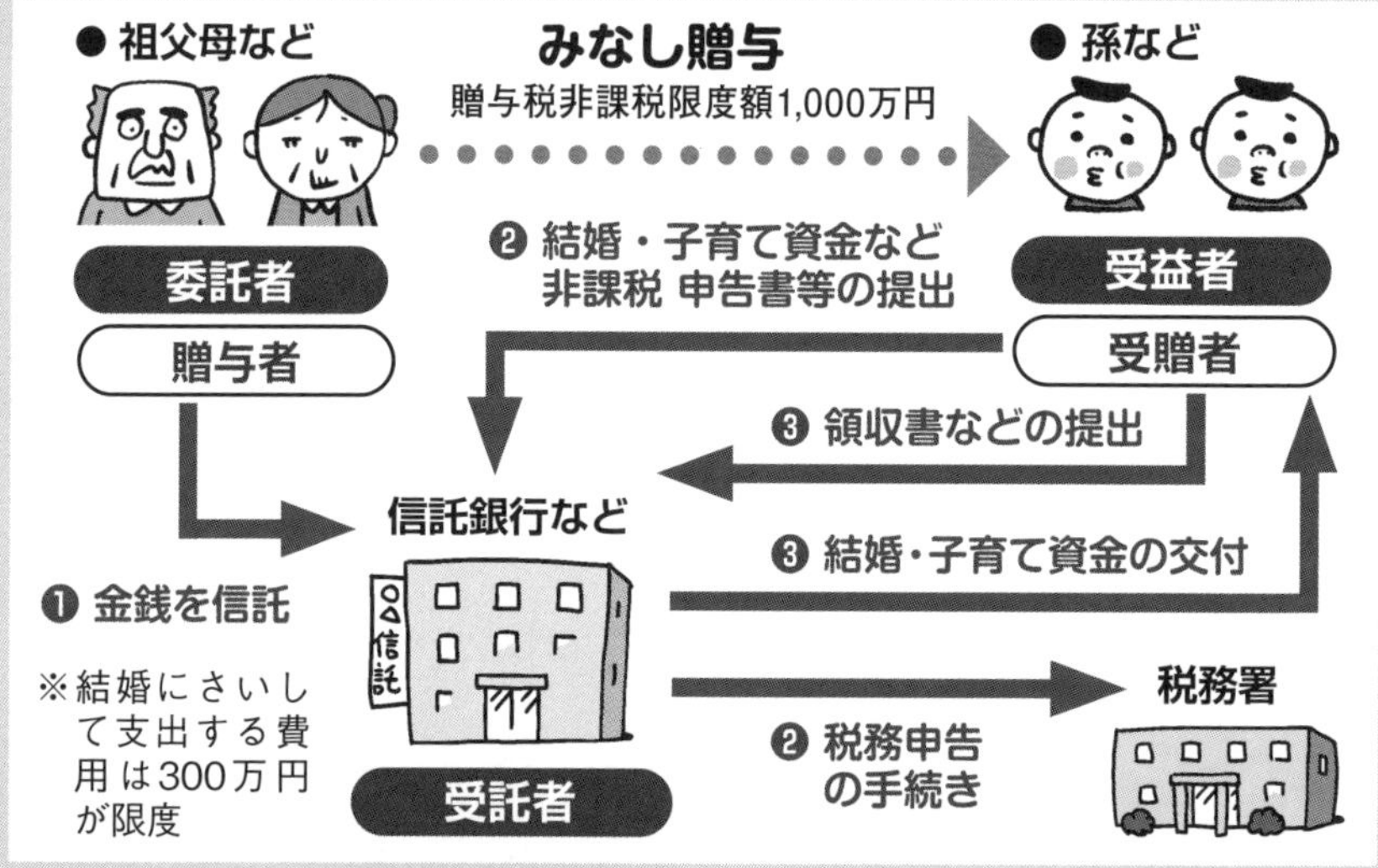

●結婚・子育て資金の範囲の例

❶結婚資金 ➡ 非課税の上限：1,000万円のうち300万円まで

- ●挙式費用や結婚披露費用（婚姻の日の1年前の日以後に支払われるもの）
- ●家賃、敷金等の新居費用、転居費用（一定の期間内に支払われるもの）

※非課税の対象にならないもの

- ●結婚情報サービスの利用や婚活費用、結納の費用
- ●指輪の購入費、交通費、宿泊費、新婚旅行代
- ●地代、光熱費、家具・家電など設備購入費
- ●不用品の処分費、引越しのレンタカー代など

❷子育て資金 ➡ 非課税の上限：1,000万円まで
（妊娠、出産および育児に要する資金）

▶妊娠に要する費用

- ●不妊治療にかかる費用（人工受精、体外受精、顕微受精など）

※非課税の対象にならないもの

・妊婦健診、妊娠に起因する治療のための海外への交通費など

▶出産に関する費用

- ●分べん費、入院費など出産のための入院から退院までの費用
- ●出産後1年以内の産後ケアに要する費用

▶育児に関する費用

- ●未就学児の子の医療費、予防接種代
- ●幼稚園や保育所等の保育料（ベビーシッター代を含む）

Q86 住宅資金贈与の特例を受けると、どんなメリットがありますか？

A 父母や祖父母から住宅取得等資金を贈与された子供や孫は最大1000万円が非課税に。

「住宅取得等資金の贈与の特例」は２００３年度の税制改正で創設された制度で、親から住宅取得やリフォーム資金を贈与された場合、一定額が非課税になる特例としてスタート。２年間の時限措置だったものが再三延長され、非課税枠もたびたび変更されてきています。２０２４年度の税制改正では３年間の延長が決まり、２０２６年12月31日まで住宅取得等資金の贈与の特例を利用できることになりました。

この特例を利用すると、父母や祖父母などの直系尊属（贈与者）からの贈与により、自宅の新築など（購入・増改築を含む）に充てる「住宅取得等資金」を受け取った子供や孫（受贈者）が一定の要件を満たした場合、最大１０００万円までの贈与が非課税となります。

贈与者は受贈者の直系尊属（父母や祖父母）に限られるため、配偶者の父母などからの贈与は対象外となり、特例を受けるには養子縁組する必要があります。

従来は新築や購入などの契約の締結日、その時点での消費税率などによって限度額が異なっていましたが、２０２２年以後の非課税限度額は「耐震・省エネ・バリアフリー住宅」なら１０００万円までとなり、それ以外の住宅なら５００万円までとなります。

また、従来は中古住宅を取得するさいに求められていた築年数の要件は廃止され、その代わりに、新耐震基準に適合していることが要件に加わりました。

２０２２年４月１日以後は成人年齢が引き下げられたため、これまで20歳以上だった受贈者の年齢要件も18歳に引き下げられました。

なお、「住宅取得等資金の贈与を受けた場合の相続時精算課税選択の特例」を適用すると60歳未満であっても相続時精算課税（Q79参照）と併用でき、住宅取得等資金の贈与の特例との合計で最大３５００万円までの住宅取得資金を非課税で贈与することができます。

住宅取得等資金の贈与の特例について

項目	内容
贈与の要件	直系尊属から子供や孫への住宅取得資金の贈与 (2026年12月31日まで。新築・購入・増改築を含む)
非課税枠	◉良質な住宅……**1,000万円** ①省エネルギー性の高い住宅 ②耐震性の高い住宅 ③バリアフリー性の高い住宅 ◉その他の住宅……**500万円**
受贈者の要件	◉贈与を受けた年の1月1日において**18歳以上** ◉贈与を受けた年の合計所得金額が **2000万円以下** (住宅床面積が 40㎡以上 50㎡未満なら**1000万円以下**) ◉**2009〜2014年**に「住宅取得等資金の贈与の特例」の適用を受けていない ◉贈与を受けた年の**翌年3月15日まで**に当該資金で住宅を所有する ◉贈与を受けた年の**翌年3月15日まで**に原則その家屋に居住する ◉贈与時点で日本国内に住所がある(例外あり)
家屋等の要件	**▶新築・購入** ◉床面積が **40㎡以上 240㎡以下**で、その半分以上が受贈者の居住用 ◉中古住宅は新耐震基準に適合していること (登記簿上の建築日が **1982年1月1日以降**であれば OK) ◉中古住宅は耐震性が証明されたもの **▶増改築** ◉増改築後の床面積が **40㎡以上 240㎡以下**で、その半分以上が受贈者の居住用 ◉増改築工事の費用が**100万円以上**
手続き	贈与を受けた年の**翌年2月1日から3月15日まで**の間に、非課税の特例の適用を受ける旨を記載した贈与税の申告書に必要書類を添付して納税地の所轄税務署に提出する

第7章

相続に備える生前手続き②

遺言書・エンディングノートについての疑問14

▶Q87～100◀

回答者
東池袋法律事務所
弁護士
根本《ねもと》達矢《たつや》

財産が少ない人にも相続トラブル多発！遺言書を遺して家族がもめない相続を！

渡部源造（67歳）
去年 脳梗塞《こうそく》で 倒れたときは 心配したわ
そうだよ 死んでたら 相続問題で 大変だったよ
長男・健斗（36歳）
源造の妻・琴美
たいした 値打ちもない 田舎の土地だから 相続税の 基礎控除内だ 税金の心配はないぞ
でもウチは 子供が5人
次男・善斗（34歳）
長女・綾乃（32歳）
次女・花織（30歳）
三男・春斗（28歳）
法律どおりなら 2分の1が私 残り2分の1を 5人で均等に 分けると……
オレは 農業を続け られなくなる
善斗らには 相続を放棄 させたら？
三男の春斗が 相続放棄を 認める わけがない
もめると 思うわ
相続トラブルが 予見できるときは 遺言書を必ず 遺すことじゃ！

遺言者の意思が法律で守られるからのぉ
ただ遺言書も絶対とはいえん法律上配偶者や子供には遺留分というのがある
終活博士
法定相続分の半分をもらえるのじゃ
春斗には半分でも多すぎる
大学まで出してもらったうえに家の購入資金だって父さんが出したんだ
すでに多額の生前贈与を受けているわけじゃな
介護の手伝いは全然しないし
そういう事情なら遺留分は認められないかもしれんのぉ
なら健斗さんに全財産を譲る旨と生前贈与の事実などを遺言に書くことじゃ
春斗さんが納得しなければ相続人全員で話し合いを行えばいい
善斗や綾乃はきっと味方をしてくれるわ
だけど字をうまく書けなくなって……
公証役場で公証人に作ってもらおうよ
公正証書遺言じゃなそれなら遺言書が無効になる心配はいらんよ

Q87 そもそも「遺言書」って何？死ぬ直前に書く「遺書」とは何が違いますか？

A 遺言書は死後に遺贈などの効力を生じさせる目的で行う。一方、遺書には法的効力がない。

「遺言書」は、相続財産（遺産）についての本人（遺言者）の希望（遺言）を書いた書面です。具体的には、誰に、どの遺産を、どのように引き継ぐのかを記します。

遺言を伝える書面には、ほかに「遺書」があります。遺言書と遺書はどちらも遺言者の意思を表明した書面ですが、決定的な違いがあるので注意しなければなりません。遺言書の内容には法的効力がありますが、遺書にはそれが認められていないのです。

遺言書に法的効力が認められるのは、法律に則った厳格な方式で作成されているだけでなく、公証役場の認証を受けたり、家庭裁判所で開封・確認の手続き（検認）を行ったりするからです（Q89〜90参照）。

一方、遺書は、遺言者が自分の意思だけを伝える手紙にすぎません。また、遺書の内容は、家族やお世話になった人たちへの感謝、労い、別れの言葉、葬儀の執り行い方の要望などが多く、ほとんどの場合、遺産の相続については書かれません。

遺言書が特に威力を発揮するのは、法定相続人以外の人に遺産を相続させる（遺贈する）場合です（Q97参照）。遺言書には多くのメリットがあるので、ぜひ元気なうちに用意しておきましょう。

遺書と遺言書の違い

	遺書	遺言書
書き方	自由	民法で定められた方式で作成する
主な内容	家族などへの感謝、労い、別れの言葉、葬儀の希望など	相続財産の分割についての希望
法的な効力	ない	ある。作成の方式に不備があると無効になることも
検認	不要	必要なケースがある
証人	不要	必要なケースがある
保管場所	自宅など	公証役場や法務局など

Q88 遺言書を遺せば相続手続きがスムーズに進むと聞きました。なぜですか？

A 遺言書に各相続人の相続分を明記しておくと遺産分割協議がスムーズに進みやすい。

遺言書には、相続人の負担を軽減できる、相続トラブルを防げる、相続人以外に相続できる、といった利点があります。それぞれについて説明しましょう。

●相続人の負担を軽減できる

相続手続きでは、被相続人（故人）の相続財産（遺産）を調査・確定し、相続人どうしで遺産分割協議を行い、誰が、どの遺産を、どれだけ相続するかを決めます。実は、この調査や協議がやっかいなのです。

まず、被相続人にどれだけの資産があるのか、あるいは借金をどれだけ抱えているのかは、家族ですら正確には把握していないもの。これをくまなく調べなければならないのですから、大変な労力を要します。

次に、相続人が複数いると、お互いに自分の相続分を主張するため、遺産分割協議が難航することがあります。この長引く話し合いも相続人にとっては負担です。

遺言書を作成し、これに資産目録をつけておけば、遺産の調査はかなり軽減されます。また、遺言書に各相続人が何をどれだけ相続するか明記することで、遺産分割協議は早期にまとまりやすくなるでしょう。

前妻との子、非嫡出子の相続分も明記する

●相続トラブルを防げる

遺産分割協議は時間がかかるだけでなく、相続人どうしで意地の張り合いになり、争いの火種になることも少なくありません。遺言書で各自の相続分が決まっていれば、相続トラブルを未然に防げます。また、前妻との間の子供や非嫡出子《ひちゃくしゅつし》（婚姻関係のない男女の子供）など、家族の知らない相続人がいるなら、その相続分を明記しておくことで不要なトラブルもさけられます。

●渡したい人に相続できる

遺言書を作成すれば、内縁の配偶者、お世話になった人など法定相続人以外にも遺贈できます（Q97参照）。

Q89 遺言書にはどんな種類がありますか？誰でも簡単に作れますか？

A **自筆証書遺言、公正証書遺言、秘密証書遺言があり、それぞれに作成ルールがある。**

ひと言で遺言書といっても、3つの方式に分かれます。それは、「自筆証書遺言」「公正証書遺言」「秘密証書遺言」です。

それぞれの遺言の方式について説明しましょう。

●**自筆証書遺言**

遺言を遺す人（遺言者）が書面で遺言の内容の全文、日付、氏名をみずから手書きし、署名の下に押印して作成する方式。自筆証書遺言が法的な効力を発揮するためには、原則として家庭裁判所で開封・確認をする「検認」の手続きが必要です。ただし、自筆証書遺言書保管制度（Q92参照）を利用し、遺言書保管所（法務局）に保管した場合には検認が不要になります。

●**公正証書遺言**

遺言者が、公正役場の公証人に遺言書の原案や相続財産の目録を渡し、それにもとづいて公証人が公正証書を作成する方式です。公正証書遺言は、相続のさいに家庭裁判所で検認を行う必要はありません。

●**秘密証書遺言**

遺言者が、遺言の内容を記載した書面に署名・押印をして封印したまま公証人に提出する方式。秘密証書遺言は、相続のさいに家庭裁判所の検認が必要になります。

秘密証書遺言はパソコンで作成できる

3つの方式のうち、秘密証書遺言はパソコンやワープロでの作成が認められています。また、公証人がまとめてくれる公正証書遺言も、遺言者は遺言書の原案などを渡すだけなので作成が比較的らくです。

自筆証書遺言は、以前はすべて手書きで作成する必要がありましたが、現在は財産目録をパソコンや家族の代書で作ったり、銀行通帳や不動産登記事項証明書のコピーを添付したりすることが認められています。それにより、遺言者の負担は大幅に軽減されました。

Q 90 自筆証書遺言は後で無効となるケースがあると聞きました。どんな注意が必要？

A 作成方式や訂正方法などが厳格に決まっており、不備があると無効になってしまう。

自筆証書遺言では、遺言者の意思を正確に伝えるために、厳格な作成方式が定められています（下の表参照）。

ポイントとなるのは、**財産目録以外の遺言内容の全文、日付、氏名を遺言者が直筆で書くこと（自書という）と、押印することです。この2点は、民法第968条第1項に定められています。遺言内容、日付、氏名をパソコンなどで書いたり、家族に代書してもらったり、押印を忘れたりすると無効になるので注意してください。**

また、後で誤りに気づいて遺言内容を訂正する場合は、必ず遺言者本人が①訂正箇所に二重線を引き（加筆の場合はフキダシを入れ）、②正しい文言を記入し、③訂正箇所に押印し、④遺言書の末尾などに訂正した内容を記入し、⑤そこに署名しなければなりません。不備があると訂正内容は無効になるので気をつけてください。この訂正方法は、秘密証書遺言でも同じです。

自筆証書遺言を作成するさいの注意点

記入方法	→財産目録以外は遺言内容の全文、日付、氏名を**遺言者が直筆で書く（自書という）**。録音した音声、撮影したビデオは無効
表題部	→法律的な決まりはない。必ずしも表題部は必要ではないが、書面の目的を伝えるために**「遺言書」「遺言状」と記入**するのが一般的
氏名	→**遺言者の本名を自書する**。芸名、ペンネームなどの通称名は不可。また、夫婦での連名は無効。必ず、**遺言者１人の氏名を書く**
日付	→**「令和◎年▲月■日」と、年号や月日を自書する。**年号は西暦でも可。日付を省略したり、「吉日」にしたりすると無効になる
筆記用具	→法律的な決まりはない。改ざんを防ぐため、**ペンで書くのが一般的**。相続財産の目録の作成のみパソコンなどを利用できる。用紙の種類・サイズは不問
印鑑	→認印、花押（署名代わりの記号）でも有効と認められるが、誤解をさけるために**実印を押印する**のが一般的。遺言書が複数枚の場合は、契印を押す。財産目録をパソコンなどで作成した場合や、家族に代書してもらった場合は全ページに押印する

Q91 自筆証書遺言の作り方について、くわしく教えてください。

A 本人の直筆で書くことが必須！曖昧な表現はさけ、はっきりと明記する。

自筆証書遺言は、民法第968条第1項「自筆証書によって遺言をするには、遺言者が、その全文、日付及び氏名を自書し、これに印を押さなければならない」に従って作成しなければなりません（Q90参照）。

つまり、遺言者が直筆（自書）で遺言内容の全文、日付、氏名を書き、押印するということです。具体的な遺言書の作成例については左ページを参照してください。

遺言内容の書き方には、いくつか注意点があります。まず、曖昧《あいまい》な表現はさけることです。「譲る」「任せる」「引き継がせる」などの表現はNG。相続人に相続財産（遺産）を渡す場合は「相続させる」、相続人以外の人に遺産を渡す場合は「遺贈する」と書いてください。不動産は誰が相続するか、金融資産は誰がどれだけの割合を相続するのかも記載することが大切です。

次に、遺産の内容やその所在は、正確かつ特定された記載をすることが肝心です。例えば、「預金」ではなく、「預金、債券のすべて」「株式、債券を含む金融資産」などのように記載します。また、金融機関は支店名、口座番号も明記しましょう。不動産については、土地・建物に分け、できるだけ登記簿謄本のとおりに記載します。

遺産が多い場合は資産目録を作成する

遺産が多数ある場合には、遺言書に資産目録をつけます。資産目録は遺産の一覧表で、金融資産、不動産、動産、負債（借金など）を判別できるようにするものです。資産目録があると相続手続きの負担が大幅に軽減するので、遺産がたくさんある人は必ず作っておきましょう。

資産目録は、民法改正により2019年1月からパソコンなどでの作成や家族の代書が認められ、本人の直筆でなくてもよくなりました。資産目録の書き方は自由で、銀行通帳や不動産登記事項証明書のコピーを添付してもかまいません。なお、全ページに押印が必要です。

遺言書（自筆証書遺言）の作成例

※全文を必ず自筆で書く

遺言書

遺言者　●●太郎は、以下のとおり遺言する。

1．遺言者は、遺言者の有する次の財産を、遺言者の妻
　●●花子（1956年8月▲日生）に相続させる。

（1）土地
　　所在／東京都港区□□1丁目
　　地番／■■番10
　　地目／宅地
　　地籍／○○.○○平方メートル
（2）建物
　　所在／東京都港区□□1丁目
　　家屋番号／■■番10
　　種類／居宅
　　構造／木造2階建て
　　床面積／1階○○.○○平方メートル
　　　　　　2階○○.○○平方メートル

できるだけ、登記簿謄本のとおりに記載する

2．遺言者は、遺言者の有する次の財産（株式、債券を含む金融資産）を、遺言者の長男　●●一郎（1983年8月▲日生）、長女　●●良子（1988年12月▲日生）に相続させる。相続割合はそれぞれ2分の1ずつとする。
（1）遺言者名義の預貯金および債権
　　①△△銀行　中央支店（口座番号1234567）
　　②□□証券　駅前支店（口座番号4567891）

年号、月日を正確に記入する

令和▲年5月31日

住所　東京都港区□□1丁目■■番地10

本名で署名し、押印する

遺言者　●●太郎　（印鑑）

Q92 新しくできた「自筆証書遺言書保管制度」とは、どんな利点のある仕組みですか？

A この制度を使えば、遺言書の紛失や改ざんが防げる。裁判所の「検認」手続きも不要に！

従来、自筆証書遺言は、作成した遺言書を自宅などに保管しておかなければなりませんでした。そのため、紛失したり、内容を改ざんされたり、遺言者の死亡後に発見されなかったりするようなことがあったのです。

こうした問題を解決するため、2020年7月10日から「自筆証書遺言書保管制度」がスタートしました。これは、自筆証書遺言を法務局で適正に管理・保管する新制度です。この遺言書は、原本のほか画像データとしても長期間、管理・保管されます（原本は遺言者の死亡後50年間、画像データは同150年間）。

管理・保管されている遺言書は、遺言者の死亡後に相続人が遺言書保管所で閲覧できるようになります。

自筆証書遺言書保管制度には、ほかにもいくつかの利点があります。1つめは、相続開始後にやらなければならない家庭裁判所での「検認」が不要になることです。相続人は、法務局から「遺言書情報証明書」「遺言書保管事実証明書」をもらえば相続手続きを進められます。

2つめは「死亡時通知」といって、遺言者が亡くなったとき、法務局から各相続人に遺言書があることを通知してもらえることです（遺言者が希望する場合のみ）。また、相続人の誰かが遺言書を閲覧したときには、他の相続人全員に「関係遺言書保管通知」が届きます。

法的な有効性が保証されるわけではない

さらに、保管申請をするさいに、用意した遺言書が民法の定める方式に合っているかどうかについて、遺言書保管官の外形的なチェックを受けられます。

ただし、遺言の内容については相談はできません。また、この制度を利用したからといって遺言書の法的な有効性が保証されるわけではありません。

自筆証書遺言書保管制度の仕組みを左ジペーにまとめたので参考にしてください。

自筆証書遺言書保管制度の仕組み

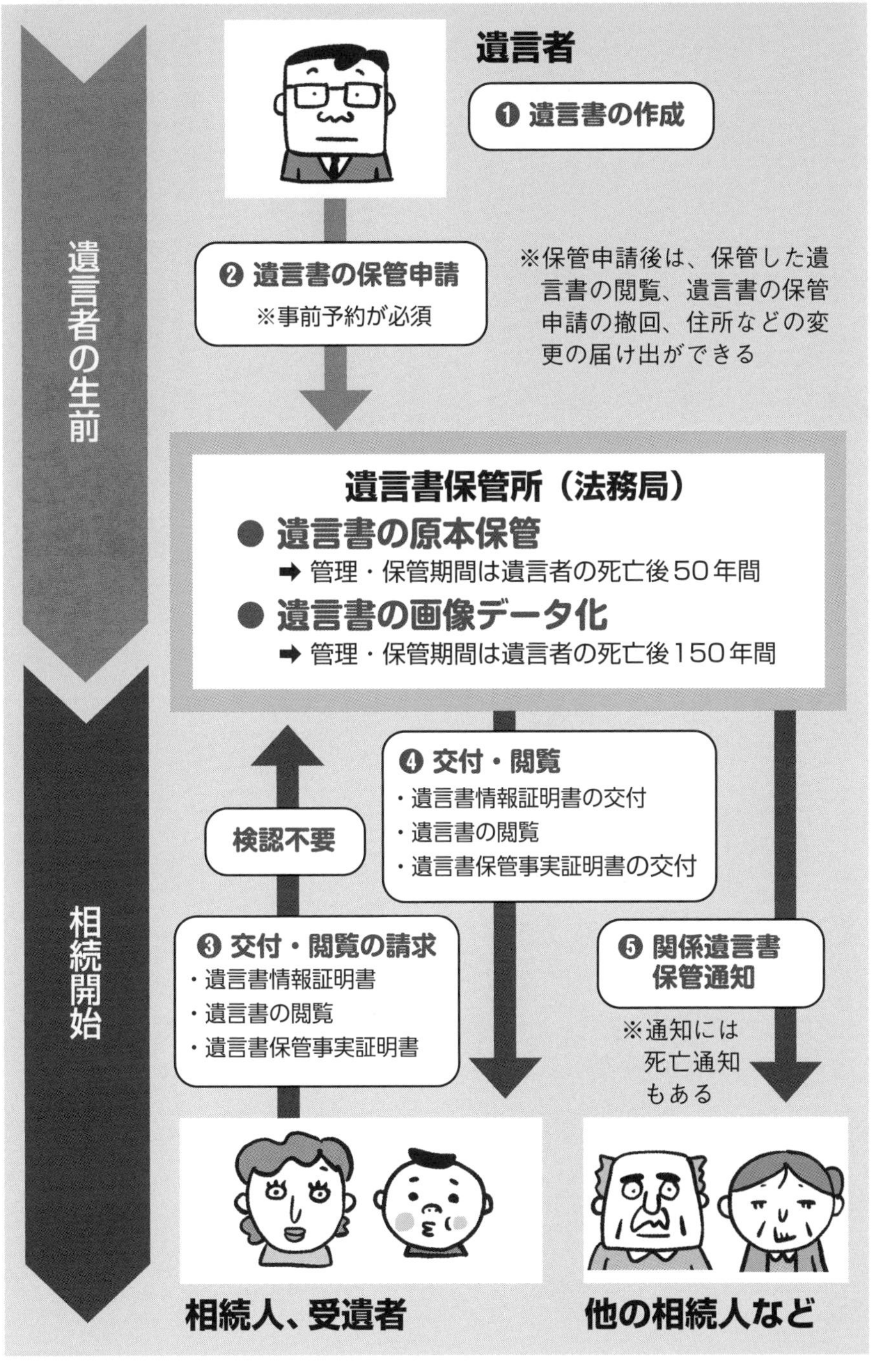

遺言者の生前
相続開始
遺言者
❶ 遺言書の作成
❷ 遺言書の保管申請
※事前予約が必須
※保管申請後は、保管した遺言書の閲覧、遺言書の保管申請の撤回、住所などの変更の届け出ができる
遺言書保管所（法務局）
● 遺言書の原本保管
➡ 管理・保管期間は遺言者の死亡後50年間
● 遺言書の画像データ化
➡ 管理・保管期間は遺言者の死亡後150年間
検認不要
❹ 交付・閲覧
・遺言書情報証明書の交付
・遺言書の閲覧
・遺言書保管事実証明書の交付
❸ 交付・閲覧の請求
・遺言書情報証明書
・遺言書の閲覧
・遺言書保管事実証明書
❺ 関係遺言書保管通知
※通知には死亡通知もある
相続人、受遺者
他の相続人など

Q93 自筆証書遺言書保管制度の手続きや必要書類について、くわしく教えてください。

A 住所地や本籍地を管轄する法務局に出向き、遺言書や保管申請書などを提出する。

「自筆証書遺言書保管制度」の手続き（保管申請）は、住所地や本籍地などを管轄する遺言書保管所（法務局）で行います。保管申請の流れについては、左のフローチャートを参照してください。

おおよその流れとしては、遺言書を作成した後に保管申請を希望する遺言書保管所に予約を入れて手続きし、最後に「保管証」を受け取ります。

保管証には、保管した遺言書を特定するための重要な保管番号が記載されています。この保管番号で遺言書の閲覧、各種手続きを行うことになるので、保管証は大切にしまってください（再発行は不可）。

保管の申請の手続きが終わったら、遺言書を預けていることを家族に伝え、保管証のコピーを渡しておくといいでしょう。

保管申請の流れ

❶ 遺言書を作成する

遺言者が、直筆（自書）で自筆証書遺言の遺言書を作成する。遺言の内容については行政書士、もしくは弁護士などに相談する。

❷ 遺言書保管所を決める

遺言者の住所地、本籍地、所有する不動産の所在地を管轄する遺言書保管所（法務局）の中から、申請先を決める。

❸ 保管申請書を作成する

保管申請書を最寄りの法務局の窓口で入手し、必要事項に記入する。保管申請書は、ホームページからのダウンロードも可能。

❹ 保管の申請の予約をする

②で決めた遺言書保管所に手続きの予約をする。予約は遺言書保管所の窓口で受け付けているほか、電話やインターネットでも可能。

❺ 遺言書保管所で申請する

予約した日時に申請する。必要書類は遺言書、保管申請書、住民票の写し、身分証明書（運転免許証など）。手数料は1通3,900円。

❻ 保管証を受け取る

手続きが終了したら、最後に保管証を受け取る。保管証は再発行できないので、受け取ったらコピーを取り家族に渡すといい。

Q94 公正証書遺言と自筆証書遺言、どちらにするか悩んでいます。どっちがいい？

A 公正証書遺言は公証人が作成してくれるため自筆証書遺言よりも不備がなく確実！

「自筆証書遺言」と「公正証書遺言」の大きな違いは、遺言書を自分で作成するか、公証人に作成してもらうかです。自筆証書遺言が自分で書かなければならないのに対し、公正証書遺言は公証人が作成してくれます。

遺言書は、法的な効力を持たせることがとりわけ重要になるので、公証人が作成する公正証書遺言なら不備がなく確実といえるでしょう。

一方、自筆証書遺言の利点は、手数料が安く、証人が不要であることです。お金をかけたくない人、遺言内容を知られたくない人は自筆証書遺言が適しています。

ところで、もう1つの「秘密証書遺言」は、証人を2人立ち会わせて公証役場で認証の手続きをする必要があるほか、相続のさいに家庭裁判所で検認しなければならず、書面に不備があると無効になることがあります。ですから、秘密証書遺言はおすすめしません。

自筆証書遺言と公正証書遺言の比較

	自筆証書遺言	公正証書遺言
作成方法	財産目録以外の全文、日付、氏名は遺言者が直筆で書く。財産目録はパソコンやワープロ、家族の代書も可	遺言者が用意した遺言書の原案、必要書類をもとに、公証人が代わりに作成する
署名・押印する人	遺言者が行う	遺言者、もしくは公証人が行う
検認	必要な場合がある	不要
無効になる可能性	作成方式、訂正方法に不備があると無効になることがある	公証人が作成するので、無効になることはまずない
証人	不要	最低２人の立ち会いが必要
保管場所	自宅か法務局	公証役場
手数料	法務局で保管する場合は3,900円	目安は2万～5万円程度。公証人に出張してもらう場合はその1.5倍以上かかる

Q95 公正証書遺言の作り方について、くわしく教えてください。

A 公証役場に証人2人以上と出向いて、公証人が読み上げる遺言書案を承認する。

公正証書遺言は、公証役場の公証人が作成し、公文書として扱われる遺言書（遺言公正証書）です。第三者が関与するため、自分で遺言書を作成する自筆証書遺言、秘密証書遺言とは、作り方が大きく違っています。

公正証書遺言の作成の流れは、以下のとおりです。

❶遺言書の原案作成

遺言書の原案は、遺言者本人が作成しなければなりません。相続財産（遺産）の目録をまとめ、誰に、何を、どれだけ相続させるかを決めます。

❷必要書類の準備

公正証書遺言の必要書類は、遺言者の本人確認資料（印鑑証明書か身分証明書）、財産資料（銀行の預金通帳、証券会社の取引残高報告書、所有する不動産の登記事項説明書・固定資産税の課税証明書など）、遺言者と相続人の関係がわかる戸籍謄本です。また、法定相続人以外に遺産を渡す場合は、相手の住民票が必要になります（遺言内容によって必要書類は異なる）。

❸遺言書の原案と必要書類を公証役場へ提出

公証役場に予約を取ったうえで、遺言書の原案と必要書類を提出します。

❹公証人と打ち合わせ

公証人と遺言書案の打ち合わせをします。遺言書に記載する遺産は正確であるかなどを綿密に調べ上げ、調整を重ねながら最終的な遺言書案をまとめていきます。

❺公正証書遺言の作成

作成当日は、証人2人以上といっしょに公証役場へ出向きます。そして、公証人の立ち会いのもと遺言書の作成の手続きが進められます（次㌻の図参照）。手続きの内容は、挨拶《あいさつ》に始まり、口頭での本人確認や質問、遺言内容の読み上げ・承認、遺言書原本への署名・押印です。

遺言公正証書（公正証書にした遺言書）は原本、正本、謄本の3通が作られ、遺言者は正本と謄本を持ち帰ります。

公正証書遺言の作成日の流れ

1 本人確認、質問

公証人が遺言者、証人２人以上に氏名、生年月日、住所などを質問。

▼

2 遺言内容の読み上げ、承認

遺言者に遺言書の正本が渡され、公証人が遺言内容を1つずつ読み上げる。それに対し、遺言者がそのつど、「はい。問題ありません」と答えれば承認されたことになる。

▼

3 原本に署名・押印

遺言者と証人が遺言書の原本に署名・押印。最後に公証人が真正に作成されたことを記し、署名・押印して手続きは完了となる。

▼

4 遺言公正証書を受け取る

３通の遺言公正証書（原本、正本、謄本）のうち、原本は公証役場が保管する。遺言者が正本、謄本を受け取ったら、公証人手数料を払う。

相続財産の価額	手数料
100 万円以下	5,000 円
200万円以下	7,000 円
500万円以下	1 万1,000円
1,000 万円以下	1 万7,000円
3,000 万円以下	2 万3,000円
5,000 万円以下	2 万9,000円
1 億円以下	4 万3,000円

※３億円以下は5,000万円ごとに４万3,000円へ1万3,000円を加算、10億円以下は5,000万円ごとに9万5,000円へ1万1,000円を加算

公正証書遺言の当日は、公証人手数料を払わなければなりません。手数料の金額は遺言に記載する財産の価額によって違います（上の表参照）。

遺言者の家族は証人になれない

ところで、**公正証書遺言の証人には厳しい決まりがあります。遺言者の家族や親族、公証人の配偶者や親族、受遺者（遺贈を受ける人）、未成年者は公正証書遺言の証人になれないので注意してください。**

証人を頼める人がいない場合は、日当が必要になりますが、公証役場に依頼すれば手配してもらえます。

また、司法書士や行政書士、その事務員が証人になるケースも多いようです。公正証書遺言の原案作成は大変なので、司法書士や行政書士にサポートしてもらい、証人を頼めるようにしておいてもいいでしょう。

公正証書遺言の作成は、原則として公証役場に出向いて行いますが、体が不自由な場合には、自宅や病院、介護施設まで公証人に出張してもらうことができます。出張費がかかりますが、公証役場に出向くのが難しい人は検討してみるといいでしょう。

Q96 家に寄りつかない親不孝の次男に、遺言で1円も渡さないことはできますか？

配偶者や子供などの相続人には最低限保障される遺留分があり、これは侵害できない。

A

遺言者は、遺言書に各相続人の相続割合を決めることができ、それが法的効力を持ちます。

では、**ご質問のように、親不孝な子供の相続割合をゼロにすることはできるのでしょうか。**

答えはノーです。法律上、相続割合の基準となる「法定相続分」が定められているほか、配偶者、子供、父母（相続人となる場合のみ）に最低限の持ち分（取り分）が認められています。これを「遺留分」といいます。

遺留分として認められる相続割合は、「法定相続分×遺留分割合（原則2分の1）」です。例えば、子供に遺産を1円も渡したくなくても、「法定相続分4分の1×遺留分割合2分の1」（遺言者の妻・長男が存命、ほかに兄弟姉妹なし）で8分の1の遺留分が認められます。

なお、遺留分を侵害された相続人は、「遺留分侵害額請求」を行うことで不足分を取り戻すことができます。

相続人の法定相続分と遺留分

法定相続分の例

● 子供のいる配偶者は**2分の1**

● 親のいる子供は**2分の1**

※2人だと4分の1ずつ

● 父母は**3分の1**

※2人だと6分の1ずつ

● 遺留分の計算式

法定相続分×遺留分割合（原則【2分の1】）

【例】

● **相続人が妻だけの場合、遺留分は【2分の1】**
（法定相続分1×遺留分割合2分の1）

● **相続人が配偶者と子供の場合、子供の遺留分は【4分の1】**
（法定相続分2分の1×遺留分割合2分の1）

● **相続人が配偶者と父母の場合、父母の遺留分は【6分の1】**
（法定相続分3分の1×遺留分割合2分の1）

Q97 内縁の妻に遺産の一部を譲りたい。遺言で確実に渡すために注意すべきことは？

A 配偶者や子供のことを十分に考慮したうえで不備がないように遺言書の作成を！

内縁（事実婚）の妻には法定相続分がなく、遺留分もありません。しかし、遺言書を作成しておけば、内縁の妻にも相続財産（遺産）の一部を遺贈できます。相続人の遺留分は法定相続分の2分の1なので、内縁の妻には最大で遺産の2分の1を遺贈できることになります。

ただし、遺贈した場合は、相続人である正妻や子供の相続割合が減ってしまいます。最大で遺産の2分の1を遺贈できるとはいえ、正妻や子供の事情を十分に考慮したうえで決めるようにしましょう。

実は、遺贈のほかにも内縁の妻に遺言者の財産を渡す方法があります。

1つめは、「生前贈与」（第6章参照）です。生前贈与は相続人であるなしにかかわらず、お互いの合意があれば成立するので内縁の妻も受けられます。注意点は、年間の贈与額を非課税の110万円以下にすることです。また、贈与税のかかる定期贈与と見なされないように数年おきに贈与したり、贈与額を変えたりしましょう。

2つめは、内縁の妻との間にできた子供を「認知」したり、内縁の妻の連れ子を「養子縁組」にしたりすることです。認知、養子縁組にした子供には、正妻との間の子供と同様に2分の1の法定相続分が認められます。

相続人がいなければ特別縁故者になれる

3つめは、家庭裁判所へ「特別縁故者」の申立てをすることです（遺言者に正妻や子供などの相続人がいない場合に限られる）。通常、相続人のいない人が亡くなると、遺産は国のものになります。ところが、亡くなる前に身の回りの世話をしていた内縁の妻がいると、特別縁故者として遺産を相続できることがあるのです。

さらに、内縁の妻は遺族年金を受け取れることがあります。健康保険の被扶養者、葬儀の喪主などの条件があるので、年金事務所に問い合わせるといいでしょう。

Q98 終末期の医療・介護の希望は、どのように家族に伝えたらいいですか？

A エンディングノートに書いておくといい。医療・介護の希望を家族がかなえてくれる。

終末期の医療・介護の希望は、元気なうちに家族へ伝えておくことをおすすめします。手紙に希望を書いて家族に渡してもかまいませんが、「エンディングノート」を活用するといいでしょう。

エンディングノートとは、近い将来、自分を看取ってくれる人に向けて、主に自分の希望を自由に書いておくものです。

終末期の医療と介護については、将来、認知症や寝たきりになったときにどうしてほしいかを書きます。さらに、回復が見込めない場合の余命の告知、延命措置、最期を迎える場所、心肺停止後の蘇生措置、臓器提供などについても書いておきましょう。

Q99 エンディングノートには何を書いておくべきですか？

A 血液型や本籍、資産内容、重要書類の保管場所など、万一のとき家族が知りたい全情報。

エンディングノートに書き込む内容は、大きく分けて以下の3つです。

●自分について

自分の基本的な情報をまとめます。特に、氏名の正しい表記（新字体か旧字体か）、生年月日、本籍地、血液型などは必ず書いておきましょう。病院に入院したり、介護施設に入居したりするときは家族が代わりに申込書、契約書を書くこともあるので、自分の情報が1つにまとまっていると便利です。

●医療・介護について

Q98で説明したように、終末期の医療・介護の希望が中心になります。かかりつけの病医院、飲んでいる薬、

エンディングノートの内容

◉自分について
- 氏名、生年月日、本籍地、血液型
- 資格、免許
- 入会しているクラブや団体
- 家族への思い など

◉医療・介護について
- 受診先、飲んでいる薬、注意点
- 介護についての希望
- 病名や余命の告知について
- 延命治療、臓器提供について
- 遺言書の有無 など

◉資産について
- 金融資産（預貯金、株式、保険、クレジットカード、貸金庫）
- 公的年金
- 不動産、カギの保管場所
- 公共料金の支払先、支払方法
- 貸付金、借入金、ローン など

治療の注意点を書いておくと、いざというときに役立ちます。さらに、遺言書の有無を書くことも大切です。

●資産について

金融資産、公的年金、不動産、公共料金などの情報をまとめます。特に、公共料金の支払先や支払方法を記載していれば死後の手続きの手間が軽減されます。

貸付金があったり、借入金やローンの返済が残っている場合も、もれなく書いておきましょう。

162ジペーから「お役立ちエンディングノート」を紹介しているので、ぜひ活用してください。

Q100 エンディングノートを書いておけば、遺言書は不要になりますか？

A ノートに自分の要望を書いても法的な効力はない。確実な実行を望むなら遺言書が必要！

自分が亡くなったあとの相続についていうと、エンディングノートは、あくまでメモ書きにすぎません。

仮に、エンディングノートに相続財産（遺産）の分割について書いておいたとしても、法的な効力はありません。そのため、遺産の分割が希望どおりに行われるとはかぎらないのです。特に、内縁の妻など法定相続人以外の人に遺贈する場合は、エンディングノートにその旨を書いただけでは実行されないと考えていいでしょう。

ですから、遺産の相続・遺贈を自分の望みどおりに行いたいと望むなら、遺言書が必要になります。

なお、相続人が1人だけの場合や、遺産が少ない場合には、エンディングノートだけでいいかもしれません。

私の基本情報と家族への思い

記入日：　　年　　月　　日

名前・生年月日	フリガナ		年　月　日生まれ
住所	〒		
本籍地	〒		
電話・FAX・携帯	電話 (　　)	FAX (　　)	携帯電話 (　　)
メールアドレス	パソコン @		携帯電話 @
勤務先や学校など	名称	所属	電話 (　　)
	〒		
健康保険証	種類	番号	保管場所
後期高齢者医療保険証	番号		保管場所
介護保険被保険者証	番号		保管場所
運転免許証	番号		保管場所
印鑑登録証	番号		保管場所
年金手帳・証書	基礎年金番号		保管場所
パスポート	番号		保管場所
趣味・特技・資格など			
学歴	小学校		中学校
	高校		大学など
職歴	会社名		年　月～　年　月
	会社名		年　月～　年　月
	会社名		年　月～　年　月

＊エンディングノートは他人に知られない場所に厳重に保管を！

若い日の忘れられない出来事

お世話になった人	エピソード

お世話になった人	エピソード

私の両親・兄弟

父	フリガナ	生年月日 年 月 日
母	フリガナ	生年月日 年 月 日
兄弟姉妹	フリガナ	生年月日 年 月 日
兄弟姉妹	フリガナ	生年月日 年 月 日
兄弟姉妹	フリガナ	生年月日 年 月 日
兄弟姉妹	フリガナ	生年月日 年 月 日

配偶者・両親・子供・孫・兄弟への思い

妻または夫へ：

父や母へ：

子供や孫へ：

兄弟姉妹へ：

私が急に倒れたときのために

記入日：　年　月　日

医療に関する基本情報

身長	cm	体重	Kg	血液型	型　RH（＋・－）
アレルギーなどの注意点					

常用している薬

薬の名前	服用の目的（病名など）
お薬手帳の保管場所：	

かかりつけの病医院

病医院		診療科	
担当医		電話番号	（　）
住所	〒	受診内容	

病医院		診療科	
担当医		電話番号	（　）
住所	〒	受診内容	

病医院		診療科	
担当医		電話番号	（　）
住所	〒	受診内容	

持病・病歴について

＊現在の状態は、どちらかを○で囲む

病名など	現在の状態	病医院	担当医	電話番号
	治癒・治療中			（　　）
	治癒・治療中			（　　）
	治癒・治療中			（　　）
	治癒・治療中			（　　）
	治癒・治療中			（　　）

終末期医療・延命治療について

＊以下、該当する□に✓を！

◉病名と余命の告知は？

□どちらも希望する　□病名のみ告知してほしい

□余命が（　　ヵ月）以上なら、（□病名・□余命）を告知してほしい

□どちらも告知してほしくない　□その他（　　　　　）

◉延命治療は希望する？

□希望する　□回復の可能性があれば続けてほしい

□希望しない　□家族に任せる

◉残された時間を過ごしたい場所は？

□自宅　□病院　□その他（　　　　　）

◉尊厳死は希望する？

□希望する　□希望しない　□家族に任せる

◉臓器提供は希望する？

□希望する　□希望しない　□家族に任せる

◉献体となる意思はある？

□ある　□ない　□家族に任せる

遺言書について

遺言書の有無	□ある　□ない	遺言書の種類	
公証役場名		電話番号	（　　）
保管場所		遺言執行者	

私が認知症になったときのために

記入日：　年　月　日

私の資産の管理方法について

＊以下、該当する□に✓を！

◉どんな資産管理の方法を希望する？

□任意後見制度（契約の有無：□ある　□ない）

□民事信託（契約の有無：□ある　□ない）

□その他の方法（　　　　　　　　　　　　）

◉資産管理をお願いしたい人は？

名前		職業	
立場	□任意後見人　□受託者　□その他（　　　）		
住所	〒	電話番号	（　　）

介護の希望

◉介護を受けたい場所は？

□自宅がいい　□施設がいい　□その他（　　　　　　）

◉お願いしたいケアマネージャーはいる？

□いる（名前：　　　　事業所：　　　　連絡先：　　　　）

□いない

◉自宅介護の場合、希望する介護者や介護サービスは？

□家族に介護してほしい（名前：　　　　　）

□プロのヘルパーから介護サービスを受けたい

（事業所名：　　　　　　サービス内容：　　　　　　）

◉施設介護の場合、希望する施設は？

□サービス付き高齢者向け住宅　□住宅型有料老人ホーム

□介護付き有料老人ホーム　□認知症対応型グループホーム

□その他（　　　　　　　　　　）

◉介護費用はどこから工面する？

□預貯金から（銀行名など：　　　　　　　　）

□保険などから（保険名など：　　　　　）　□用意していない

私のお墓とお葬式について

記入日：　　年　　月　　日

お墓についての希望

＊以下、該当する□に✓を！

◉お墓は持っている？

□持っていない

□持っている（□このお墓に入りたい　□入りたくない）

お墓の名称	
所在地	〒
契約者・使用権者	

◉新しくお墓を持つ場合、希望するお墓は？

□寺院墓地　□公営墓地　□民営墓地　□納骨堂

□樹木葬墓地　□その他（　　　　　　　　　　）

◉お墓を持たない場合、遺骨はどうしてほしい？

□共同墓地での永代供養　□散骨　□手元供養

□その他（　　　　　　　　　　）

上記を希望する理由：

◉お墓の費用はどこから工面する？

□預貯金から（銀行名など：　　　　　　　　　　）

□保険などから（保険名など：　　　　　　　　　　）

□用意していない

死後事務委任契約について

契約の有無	□ある　□ない	契約日	年　月　日
受託者	名前	職業	
	住所 〒		
	連絡先 （　　）	備考	

お葬式についての希望

＊以下、該当する□に✓を！

◉お葬式はあげてほしい？

□あげてほしい　□あげてほしくない　□家族に任せる

上記を希望する理由：

◉どんな形式のお葬式を希望する？

□仏式　□神式　□キリスト教式　□その他（　　　）

◉お葬式をあげてほしい場所は？

□自宅　□葬儀施設　□宗教施設　□その他（　　　）

上記を希望する理由：

◉お葬式の費用はどこから工面する？

□預貯金から（銀行名など：　　　）

□保険・互助会などから（互助会名など：　　　）

□用意していない

お葬式に参列してほしい人

＊家族が知らない友人・知人などを優先的に記入

名前	続柄	電話番号	住所
		（　　）	〒
		（　　）	〒
		（　　）	〒
		（　　）	〒
		（　　）	〒
		（　　）	〒
		（　　）	〒
		（　　）	〒
		（　　）	〒
		（　　）	〒
		（　　）	〒
		（　　）	〒
		（　　）	〒
		（　　）	〒
		（　　）	〒

私の所有資産について

記入日：　　年　　月　　日

預貯金

＊暗証番号などの情報は、別の方法でご家族と共有を！

金融機関	支店	種類	口座番号	自動引落しなど

貸金庫

金融機関	支店	連絡先	備考（保管物など）
		（　　　）	

有価証券（株式・投資信託・国債・公社債など）

証券会社など	支店	口座番号	担当者	備考

未上場株式

銘柄	株式数	備考

クレジットカードの自動引落し

カード会社	銀行・支店	口座番号	引落し日	備考
			毎月　日	
			毎月　日	
			毎月　日	

不動産

＊以下、該当する□に✓を！

形態	□土地　□建物　□マンション　□その他（　　　　　　）		
所在地	〒		
名義人		共有名義人・持ち分	
用途			
備考			

形態	□土地　□建物　□マンション　□その他（　　　　　　）		
所在地	〒		
名義人		共有名義人・持ち分	
用途			
備考			

形態	□土地　□建物　□マンション　□その他（　　　　　　）		
所在地	〒		
名義人		共有名義人・持ち分	
用途			
備考			

重要な動産類（貴金属・書画・骨董・宝飾品・車など）

名称・銘柄	入手金額	保管場所	備考
	円		
	円		
	円		
	円		
	円		
	円		

貸倉庫（レンタル倉庫・トランクルームなど）

契約会社	所在地	電話番号	保管物など
	〒	（　　）	
	〒	（　　）	
	〒	（　　）	

保険 (生命保険・養老保険・医療保険・火災保険など)

保険の種類		保険会社		担当者	
連絡先	(　)	証券番号		証券保管場所	
契約者		被保険者		保険金受取人	
特約などの特記事項					

保険の種類		保険会社		担当者	
連絡先	(　)	証券番号		証券保管場所	
契約者		被保険者		保険金受取人	
特約などの特記事項					

保険の種類		保険会社		担当者	
連絡先	(　)	証券番号		証券保管場所	
契約者		被保険者		保険金受取人	
特約などの特記事項					

公的年金

基礎年金番号		証書番号		証書保管場所	
加入した年金	□国民年金　□厚生年金　□共済年金　□その他 (　)				
年金振込口座	金融機関 支店名			口座 番号	

貸付金

貸した相手		連絡先	〒 (　)				
貸した金額	円	貸付日	年　月	返済期限	年　月	残債	円
契約書の有無	□ない　□ある (保管場所: 　)						

デジタル資産 (パソコン・スマホなど)

パソコン	契約会社	名義人	メール アドレス　@
	死亡後の 端末の扱い	□内容を消去し廃棄　□その他 (　)	
スマホ	契約会社	名義人	メール アドレス　@
	死亡後の 端末の扱い	□内容を消去し廃棄　□その他 (　)	
メール・ID・ パスワード などについて			

私の借入金・債務について

記入日：　　年　　月　　日

借入金・債務の状況

＊以下、該当する□に✓を！

◉現在、借入金はある？

□ない　□ある（種類：　　　　借入残高：　　　　円）

◉現在、公共料金や税金などの未払金はある？

□ない　□ある（種類：　　　　未払額：　　　　円）

◉現在、連帯保証などの債務はある？

□ない　□ある（種類：　　　　保証額：　　　　円）

借入金・ローン

種類		借入先		連絡先	（　　）
借入金額	円	借入日	年　月　日	返済方法	
完済予定日	年　月　日	担保の有無	□ない　□ある（内容：　　　）		
借入残高	円（　年　月　日現在）			備考	
種類		借入先		連絡先	（　　）
借入金額	円	借入日	年　月　日	返済方法	
完済予定日	年　月　日	担保の有無	□ない　□ある（内容：　　　）		
借入残高	円（　年　月　日現在）			備考	
種類		借入先		連絡先	（　　）
借入金額	円	借入日	年　月　日	返済方法	
完済予定日	年　月　日	担保の有無	□ない　□ある（内容：　　　）		
借入残高	円（　年　月　日現在）			備考	

保証債務（連帯保証など）

保証した相手（主債務者）		連絡先	（　　）
お金を貸した人（債権者）		連絡先	（　　）
保証した日	年　月　日	保証した金額	円
保証した理由など			
保証した相手（主債務者）		連絡先	（　　）
お金を貸した人（債権者）		連絡先	（　　）
保証した日	年　月　日	保証した金額	円
保証した理由など			

第8章

相続に備える生前手続き③

死後のトラブルを防ぐ! 相続対策についての疑問11

▶Q101～111◀

回答者

佐藤正明税理士・社会保険労務士事務所所長

税理士 社会保険労務士 日本福祉大学非常勤講師

佐藤正明《さとうまさあき》

子供がいないと財産は親や兄弟に！相続トラブルなく妻に全財産を譲るには？

ウチには子供がいないしおれが死んだら財産はどうなるんだろう？
堀島三平（72歳）
私がいるでしょ
三平の妻・桜子
配偶者は常に相続人じゃが三平さんに親や兄弟がいると全部は相続できん
終活博士
子供がないからまず両親次に三平さんの兄弟が相続人の候補となる
親が相続人の場合配偶者の相続割合は3分の2残り3分の1が親の相続分となる
三平の母・麻（96歳）
だけどもし母さんが亡くなっていたら……
三平の兄・陽平（74歳）
親が亡くなり兄弟が相続人の場合は配偶者が4分の3残り4分の1が兄弟の相続分となる
三平の弟・航平（67歳）

陽平アニキには
1円だって
渡したくない
母さんの面倒を
見るからって
おれと弟に
相続放棄をさせて
遺産をひとり占めして
なのに
母さんにつらく
当たってる
らしいんだ！
電話すると
母さん
泣いてるんだ
いっそウチで
引き取ろうか
と……
まあ
それは
置いといて
……
なら
財産を全部
妻に譲る旨の
遺言書を遺して
おくといい
だけど
遺留分ってのが
あるんだろ
兄弟には
遺留分が
ないんじゃ
お母さんより
先に三平さんが
死んだ場合でも
遺言書があれば
お母さんなら
遺留分なんて
請求しない
はずじゃ
よし早速
遺言を書こう！
そして
母さんも
引き取って
……
まあ
それはそれ
……
ハハハハハ

Q101 資産が1千万円以下の人の場合、相続トラブルの心配はないですか？

A 安心は禁物。相続トラブルの約3割は資産1千万円以下の人に発生している。

資産が少ないから相続には何の問題もない――そう考える人はたくさんいます。

しかし、**実際に裁判所に持ち込まれる相続トラブルの約33％が、資産1千万円以下のケースで起こっているのです**（2019年度『司法統計年報』）。資産5千万円以下で起こるケースが約44％で、両方合わせると77％にもなります。**遺産がらみの「争族」は、必ずしも資産家だけの話ではありません。**

裁判にまで発展するのは氷山の一角で、話し合いで解決しても感情のもつれが残るケースはもっと多いはず。相続財産の中に分割しにくい土地や家屋があり、その占める割合が高いほど、遺産分割協議でもめるケースが多くなります。資産の少ない人も対岸の火事と思わず、できるかぎりの準備をしておきましょう。

Q102 資産が少ないのに相続トラブルが起こるのは、どんな原因が考えられますか？

A 親族が多い、不動産や書画・骨董を所有、生前贈与を行ったなど原因は多種多様。

最も相続トラブルになりやすいのは、相続財産の大半が不動産の場合です。複数の相続人で公平に分割するのが難しく、相続税がかかる場合は納税が困難になることも多いからです。書画、骨董《こっとう》、貴金属なども、将来的な価値上昇への期待、資産への思い入れなどがあると、評価額だけで単純には分けられません。

相続人がたくさんいる、あるいは相続人どうしの関係が複雑な場合も要注意です。例えば、被相続人（故人）に離婚歴があり、前妻との間に子がいる、認知している隠し子がいる、実子以外に養子縁組した子がいる、といったケースがあげられます。このような場合、被相続人の配偶者や実子は、前妻との間の子や隠し子などと日常的な交流がなければ連絡が取れず、相続人全員で遺産分割協議を行うことが難しくなります。たとえ連絡できて遺産分割協議を始めても、お互いの立場を理解し合うことは難しいかもしれません。

逆に、**被相続人に子供がいない場合もトラブルが起こりやすいといえます。**この場合は被相続人の父母が相続しますが、すでに父母が死亡していると、相続権は被相続人の兄弟姉妹、あるいは、その子（被相続人の甥《おい》・姪《めい》）に移ります。被相続人の配偶者と被相続人の兄弟姉妹（あるいはその子）らが日常的な交流があればともかく、ほとんど面識がなければ、遺産分割協議を開くことすら難しくなってしまうからです。

また、**被相続人が亡くなる直前まで介護などをした人（長男の妻など）が特別寄与料（Q43参照）を主張する可能性もあります。**百歩譲って介護の功績は認めても、特別寄与料の額を巡るトラブルは多く発生しています。

被相続人が「良かれ」と思って行った生前贈与についても、その公平さが問われるかもしれません。

Q103 資産の内容を家族と共有することは相続トラブル対策に有効ですか？

A 家族の知らない財産があると相続手続きが滞り、トラブルが発生する可能性大！

相続発生後の手続きの煩雑《はんざつ》さを考えると、資産の内容はできるかぎり家族と共有しておくべきです。

遺産分割後に家族が知らなかった財産が発見されると、相続手続きをやり直さなければならなくなったり、結果的に相続税がかかったりして、家族に過度な負担をかけることになりかねません。また、後から見つかった資産の内容によっては、これの取り合いになる可能性もあります。

資産は想像以上に多岐にわたります。資産内容だけでなく、保管場所などの情報を、少しずつでもいいので早めに家族と共有していきましょう。そして、死後には確実に伝わるようにしておくべきです。

Q104 相続が始まると誰が相続人になる？それぞれの相続割合も教えてください。

A 配偶者と子供1人ならこの2人が相続人となり、2分の1ずつ相続する。

相続人は配偶者と被相続人（故人）の血族にかぎられます。ここでいう血族とは、直系卑属（子や孫。婚姻期間以外に生まれた非嫡出子《ひちやくしゆつし》、養子を含む）、直系尊属（父母や祖父母）、被相続人（故人）の兄弟姉妹のことです。

これらの相続人は、相続する順番（相続順位）も決まっていて、配偶者は常に相続人になります。

◆第1順位＝被相続人の子供（または孫・ひ孫など）＋配偶者

死亡した子がいる場合は、その子供（被相続人の孫）が代襲相続人になります。孫も亡くなっている場合はひ孫に代襲され、この代襲には制限がありません。

◆第2順位＝被相続人の父母（または祖父母など）＋配偶者

被相続人に子供がおらず、父母や祖父母が健在の場合、最も親等が近い父母と配偶者が相続人になります。

◆第3順位＝被相続人の兄弟姉妹（またはその子供）＋配偶者

被相続人に子供（および代襲相続人）も直系尊属もいない場合、配偶者と被相続人の兄弟姉妹が相続人になります。亡くなった兄弟姉妹がいる場合には、その子供が代襲相続人になります（兄弟姉妹の子供の再代襲はない）。

上記の同順位の相続人全員が死亡している場合は、次の順位の相続人に移ります。配偶者は婚姻届を出している人にかぎられ、内縁関係だと相続人にはなれません。ただし、内縁関係でも非嫡出子は相続人となります。

なお、相続人が被相続人や先順位の相続人を殺害するなどの行為に及んだ場合は「相続欠格」となります。また、相続人が被相続人に暴力をふるうなどの行為があり財産を譲りたくないような場合は、被相続人の意思で「相続廃除」にできます。相続欠格は全相続人が対象であるのに対し、相続廃除は遺留分（Q96参照）を有する相続人（配偶者・子・孫・ひ孫・父母・祖父母）が対象です。

相続人の範囲の例

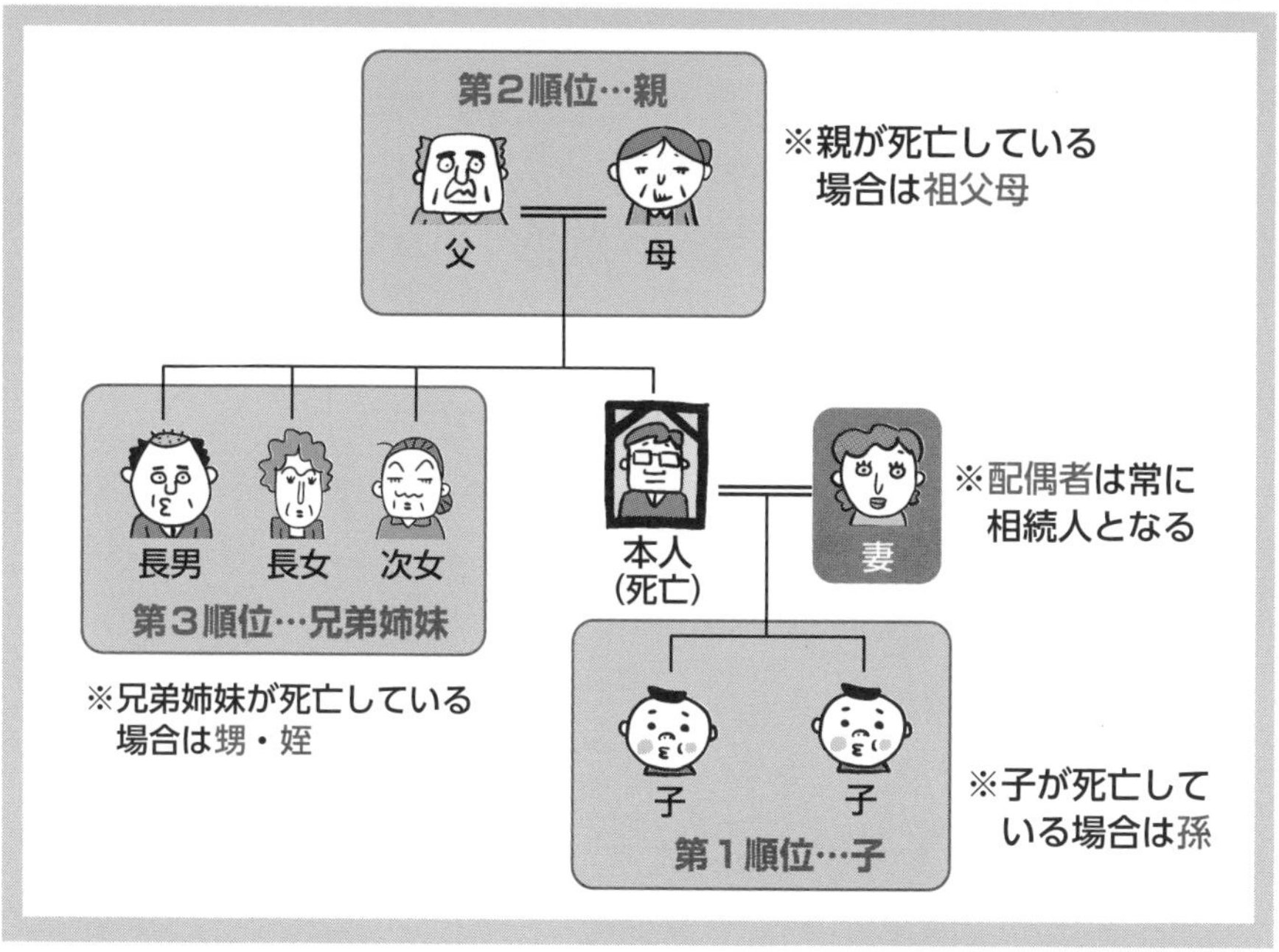

法定相続人の相続割合

● 配偶者がいる場合

相続人	配偶者	子			親		兄弟姉妹		
		1人	2人	3人	1人	2人	1人	2人	3人
配偶者と子	1/2	1/2	1/4	1/6					
配偶者と親	2/3				1/3	1/6			
配偶者と兄弟姉妹	3/4						1/4	1/8	1/12

● 配偶者がいない場合

相続人	子			親		兄弟姉妹		
	1人	2人	3人	1人	2人	1人	2人	3人
子	全部	1/2	1/3					
親				全部	1/2			
兄弟姉妹						全部	1/2	1/3

身近な人の名前を埋めるだけ！「書き込み家系図」シート

◉配偶者の法定相続分は、子供が相続人の場合は2分の1、親が相続人なら3分の2、兄弟姉妹が相続人なら4分の3

◉子供が相続人の場合、亡くなった子供がいれば、その子供の子供（自分の孫）が代襲相続人になる。兄弟姉妹が相続人の場合、亡くなった兄弟姉妹の子供（自分の甥《おい》・姪《めい》）が代襲相続人になる

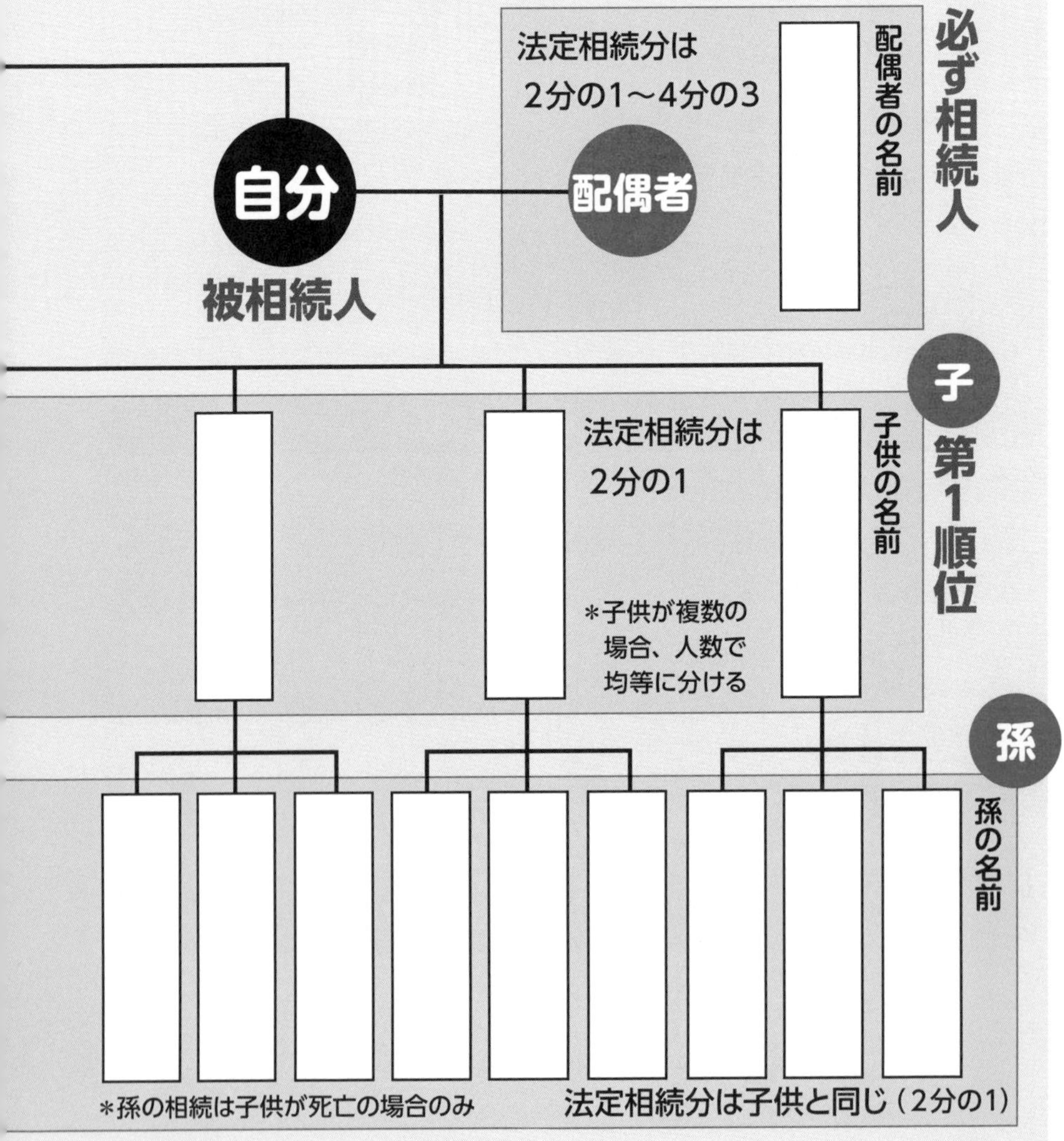

必ず相続人
配偶者の名前
法定相続分は
2分の1～4分の3
自分
被相続人
配偶者
子
第1順位
子供の名前
法定相続分は
2分の1
＊子供が複数の場合、人数で均等に分ける
孫
孫の名前
＊孫の相続は子供が死亡の場合のみ
法定相続分は子供と同じ（2分の1）

書き込みシート2 あなたの相続人がひと目でわかる！

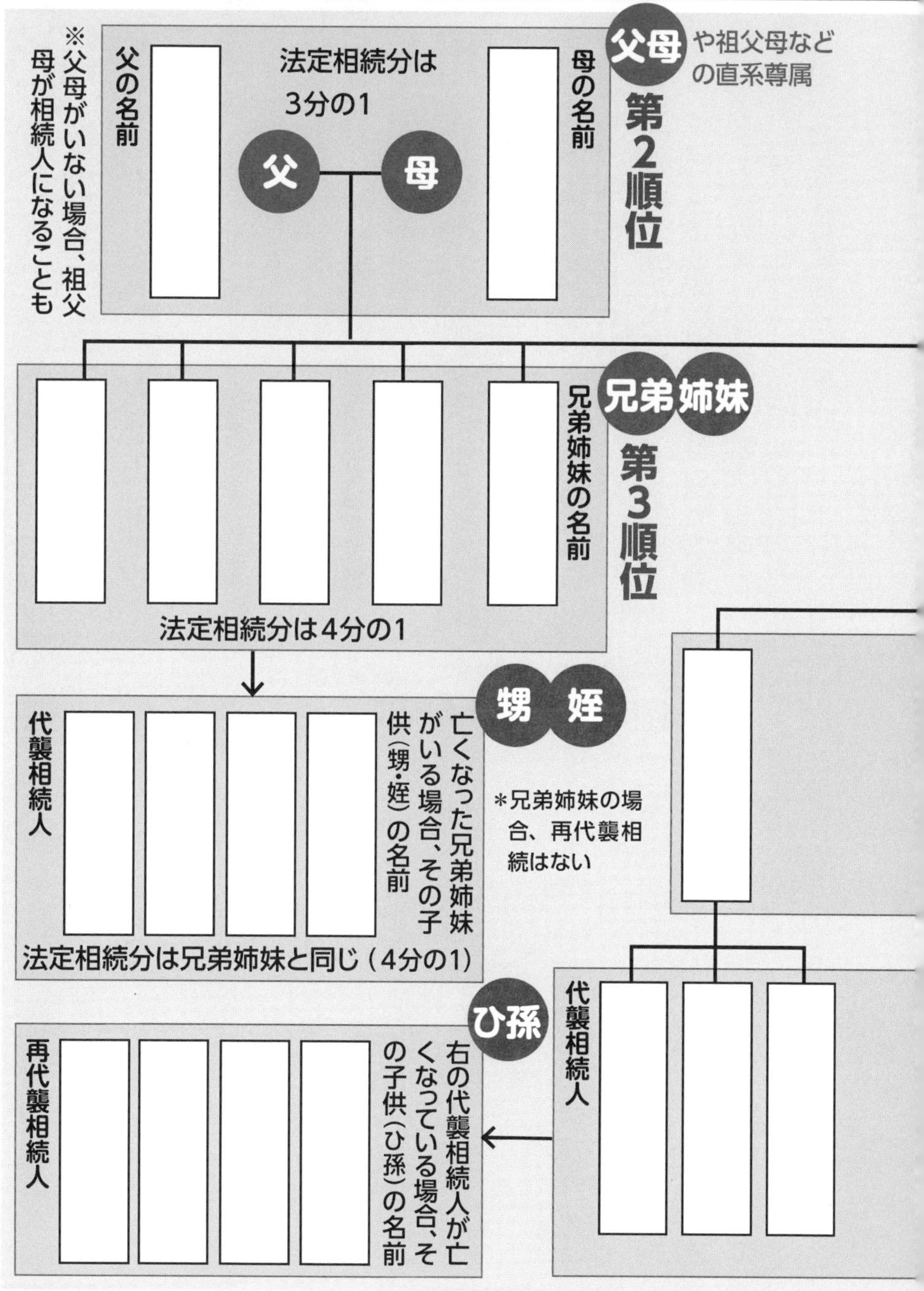
※父母がいない場合、祖父母が相続人になることも
父の名前
法定相続分は3分の1
父
母
母の名前
父母や祖父母などの直系尊属
第2順位
兄弟姉妹
兄弟姉妹の名前
第3順位
法定相続分は4分の1
甥
姪
亡くなった兄弟姉妹がいる場合、その子供（甥・姪）の名前
代襲相続人
＊兄弟姉妹の場合、再代襲相続はない
法定相続分は兄弟姉妹と同じ（4分の1）
ひ孫
右の代襲相続人が亡くなっている場合、その子供（ひ孫）の名前
再代襲相続人
代襲相続人

Q105 相続割合は法律で決まっていますが、絶対守らなければならないのですか？

A 守る必要なし。遺産分割協議において相続人全員で話し合った結果に従うことに！

法定相続分は、裁判で遺産分割を決定するさいに裁判所が判断するための指針です。すべての相続で法定相続分どおり遺産分割されるわけではありません。

相続では原則として、相続人全員による話し合い（遺産分割協議）で財産を分配します。お互いを思いやりながら、自分の欲しいもの、譲ってもよいものをよく考えて話し合いに臨むことが大切です。話し合いで決まらない場合には、裁判官が法定相続分を目安に遺産分割の調停や審判を行います。

ただし、被相続人（故人）の「遺言書」による指定は遺産分割協議の決定より優先します。遺言書で法定相続人以外の個人や団体などに「遺贈」することも可能です。

Q106 兄とは仲が悪く遺産を1円も渡したくありません。これって可能ですか？

A 兄弟姉妹には遺留分がない。兄が相続人なら遺言書に書いておけばOK！

相続人は相続できる順位が決まっていて、配偶者は常に相続人になります。兄弟姉妹が相続できるのは、被相続人の直系卑属（子・孫など）、直系尊属（父母や祖父母）もいない場合にかぎられるので、先順位の相続人がいれば、兄弟姉妹に財産は渡りません。

相続人が配偶者と兄弟姉妹の場合、財産を渡したくなければ遺言書で兄以外の人を指定しておけば、遺言の内容が優先されるので、兄には財産が渡りません。

相続人には相続財産の一定割合を取得できる「遺留分」がありますが、兄弟姉妹にはこれが認められていません。これを下回ったときの「遺留分侵害額請求」もできないので、遺言書をうまく活用しましょう。

Q107 不動産を複数持っています。相続トラブルになりやすいというのは本当？

A 不動産は高額で分割も困難。換金もしにくいので、トラブルの原因になりやすい。

相続財産の中で最もやっかいなのが、不動産です。相続財産の中で大きな割合を占めながらも法定相続分どおりに分けにくく、簡単に現金化できないからです。

不動産を相続する方法として、一般的に「換価分割」「代償分割」「現物分割」「共有分割」という4つの方法があります。

換価分割は、不動産を売却して代金を分ける方法です。公平に分割できますが、譲渡益に所得税や住民税等がかかります。ただし、住みつづけている人がいると分割が難しく、愛着があって売却をためらったり、賃貸していて売れなかったりするケースもあります。

代償分割は、法定相続分より多く相続する人が法定相続分より少なく相続する人に、差額分を金銭などで代償する方法で、代償する相続人は十分な資金力が必要です。なお、代償を不動産で行うと所得税や住民税などが発生する場合があります。不動産は4つの評価方法（市場価格、公示価格、路線価、固定資産税評価額）のうち、どれに準拠するのかも問題になります。

現物分割は、そのままの状態で分割する方法。不動産を現状のまま遺せますが、評価額の低い不動産を相続した人に不公平感が残ります。

共有分割は、相続人の全員または一部で共有する方法。各相続人の相続割合（持分）を設定して登記しますが、**安易にこの方法を選ぶと、将来、二次相続などで売却が必要になったさい、相続人全員の合意が必要となるなど、トラブルに発展しかねません。**

どの方法も一長一短ですが、相続した土地を相続発生後3年10ヵ月以内に売却すると「相続税の取得費加算」を適用できます。相続した土地の相続税の一部または全部を取得費（売却額から差し引ける金額）に加算できるので、売却予定のある人の取得割合を多くすると取得費が増え、譲渡所得税が軽くなります。

Q108 家を継ぐ三男に不動産をすべて相続させたいのですが、注意点はありますか？

A 民法改正により法定相続分を超えて相続した不動産は登記が必要に！

不動産を単独で取得した相続人がいる場合は、一般的に「代償分割」（Q107参照）を選択します。

そのさいには、遺産分割協議書に代償分割を行う旨と代償金の支払いを明記します。また、兄弟姉妹以外の相続人には遺留分（法定相続分の2分の1）が認められていることを念頭に置き、他の相続人の遺留分を侵害しないように、代償金の金額を話し合う必要があります。

ご質問の場合、家業を継ぐ相続人（三男）がすべての不動産を相続する一方、原則として他の相続人に対して法定相続分との差額を金銭などで支払うことになります。三男にそれだけの資金力があることが前提となるため、その準備も必要になります。

そこで一案として、被相続人（父）を被保険者、三男を受取人とした生命保険に加入することが考えられます。被保険者である父の死亡によって三男が受け取る死亡保険金は、受取人固有の財産になり、遺産分割の対象には含まれないため、これを代償金に充てることができるというわけです。

三男が保険料を負担すると、受け取った保険金は三男の一時所得（所得金額の半分が課税）として所得税や住民税などがかかりますが、父が保険料を負担した場合には相続税がかかってしまいます。この場合、一般的に一時所得のほうが税額は安くなります。

三男に保険料の支払い能力がなければ、暦年贈与（Q77参照）の非課税の範囲内（110万円まで）で援助することを考えましょう。

また、民法の改正により、2019年7月以後の相続については、たとえ遺言があっても法定相続分を超える部分について、登記などの対抗要件を備えておかないと、相続した不動産の権利を第三者に主張できなくなりました。相続後はできるだけ速やかに登記などの手続きを行いましょう。

Q109 相続手続きを簡略化できる新制度ができたそうですが、家族は知っておくべき？

A 相続手続きは複雑かつ大変。教えておけば遺族の負担が軽くなる。

従来の相続手続きでは銀行口座の解約、不動産や株式の名義変更などを行うさいに、戸籍謄本や除籍謄本などをそれぞれの窓口に提出していました。

こうした手続きを簡略化するため、2017年に「法定相続情報証明制度」が導入されました。登記所（法務局）に戸除籍謄本や相続関係の一覧図（法定相続情報一覧図）を提出すると、その一覧図に認証文を付した写しが無料で何通も交付される仕組みで、その後の相続手続きはこの1枚の写しで行えるようになります。

膨大な戸籍関係の書類を手続き先ごとに何通も用意する必要があると思い込んでいる人も多いので、こうした情報は家族と必ず共有しておきましょう。

Q110 新制度の「法定相続情報証明制度」について、くわしく教えてください。

A 多数の必要書類が1枚にまとまり、これ1枚で各種手続きが可能。

「法定相続情報証明制度」とは、法務局に法定相続人に関する情報を一覧図にした「法定相続情報一覧図」（家系図のような図）の保管を申し出ると、以後5年間、法務局の証明がある法定相続情報一覧図の写しの交付を無料で何通も受けられる制度です。

例えば、相続による不動産の登記申請では、原則として申請する法務局ごとに、被相続人の出生から死亡までの戸籍謄本など、相続を証明する書類一式を提出する必要がありました。ところが、こうした書類一式が法定相続情報一覧図の写し1通だけで可能になるため、複数の法務局の管轄内に不動産があるような人の相続手続きが大幅に簡略化されることになるのです。

法定相続情報一覧図のサンプル

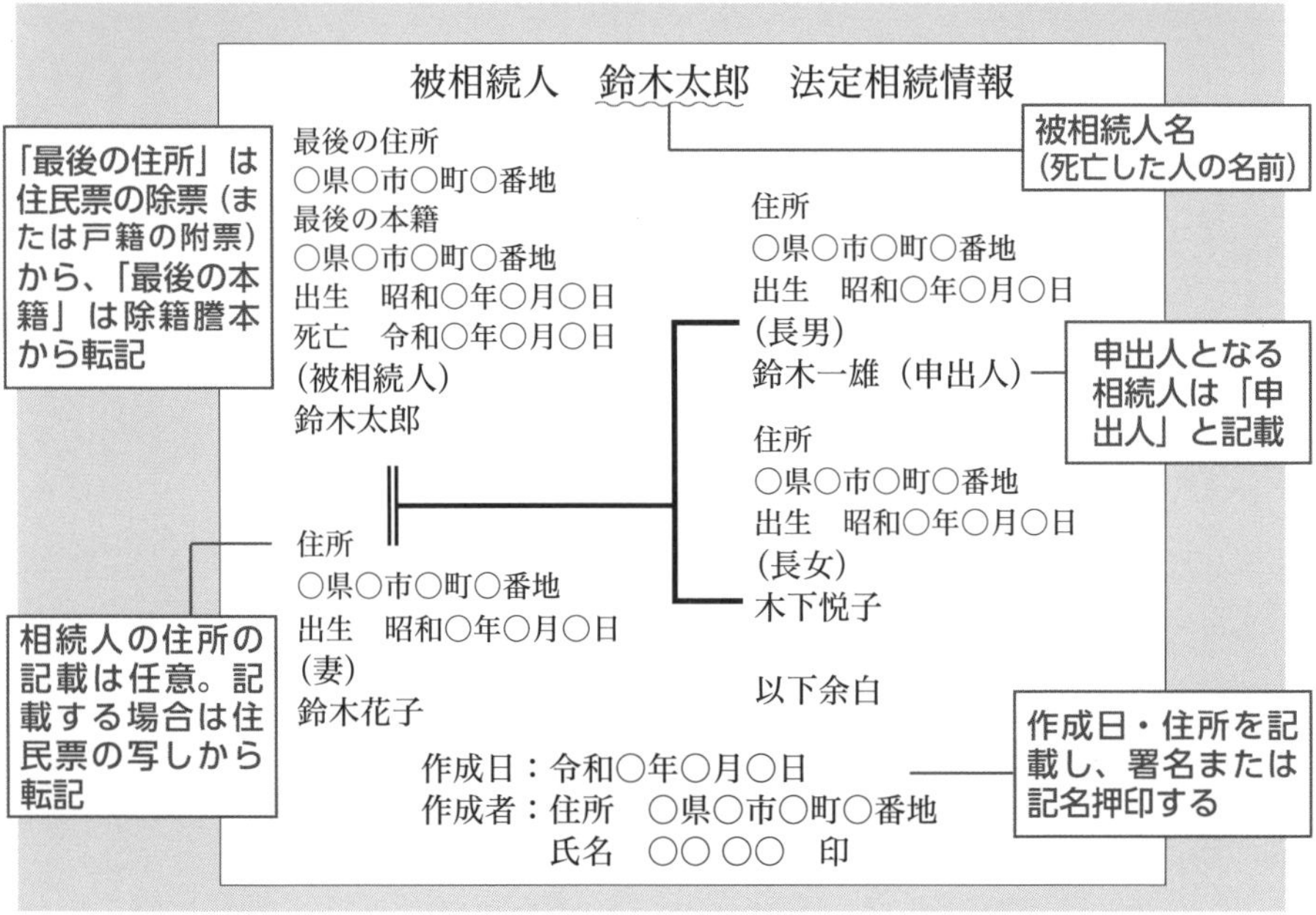
被相続人　鈴木太郎　法定相続情報
被相続人名
(死亡した人の名前)
「最後の住所」は住民票の除票（または戸籍の附票）から、「最後の本籍」は除籍謄本から転記
最後の住所
○県○市○町○番地
最後の本籍
○県○市○町○番地
出生　昭和○年○月○日
死亡　令和○年○月○日
(被相続人)
鈴木太郎
住所
○県○市○町○番地
出生　昭和○年○月○日
(長男)
鈴木一雄（申出人）
申出人となる相続人は「申出人」と記載
住所
○県○市○町○番地
出生　昭和○年○月○日
(長女)
木下悦子
相続人の住所の記載は任意。記載する場合は住民票の写しから転記
住所
○県○市○町○番地
出生　昭和○年○月○日
(妻)
鈴木花子
以下余白
作成日：令和○年○月○日
作成者：住所　○県○市○町○番地
氏名　○○ ○○　印
作成日・住所を記載し、署名または記名押印する

この法定相続情報一覧図は、相続登記にかぎらず、預貯金の相続手続き、保険金の請求、保険の名義変更手続き、有価証券の名義変更手続き、自動車の名義変更手続き、相続税の申告などにも使えます。

法務局に書類一式をそろえて申し出る

法定相続情報一覧図を取得するには、まず被相続人（故人）の出生から死亡までのすべての戸除籍謄本と住民票の除票、相続人の戸籍謄本、申出人（相続人の代表など）の氏名や住所を確認できる書類（運転免許証など）といった添付書類を集める必要があります。そして、申出書を作成して窓口に提出します。

この申出書には申出人の住所、氏名、連絡先、被相続人との続柄、利用目的、交付希望枚数、申し出の年月日などを記載します。

窓口となるのは被相続人の本籍地、または最後の住所地、申出人の住所地、被相続人名義の不動産の所在地を管轄する法務局です。登記官がこれらの書面を確認し、法定相続情報一覧図を交付します。なお、申し出のさい添付した戸籍謄本などの書類は返却されます。

Q111 2021年の相続法の大改正により、相続手続きは今後どう変わりますか？

A すでに施行されたもの、2024年以降に施行のものがあり、すべて家族に伝えておこう。

2021年の相続法改正では、財産管理に関わる制度が大きく見直されました。その主な内容は、以下のとおりです。

〈2023年4月1日施行〉

▼土地・建物管理制度の創設

相続人が不明な場合や相続放棄の場合の相続財産の管理に関する規定が整備されました。これにより相続人が明らかでない財産の処分が合理化され、例えば「所有者不明建物管理人」を選任して持ち主不明の空き家などをより早く処分できるようになっています。

▼特別受益・寄与分の期限の設定

相続開始から10年経過後の遺産分割については、一般的な相続手続きに関わる「特別受益」や「寄与分」の適用が受けられなくなります。

〈2023年4月27日施行〉

▼相続土地国庫帰属法の創設

相続・遺贈によって取得した土地を国庫に帰属させることで、土地の所有者が不明になったり、管理が行き届かなくなったりすることを防ぎます。更地であるなど一定の要件を満たしていることが必要で、法務大臣による要件審査を経て承認されます。

これから施行される改正点も目白押し

〈2024年4月1日施行〉

▼相続登記申請の義務化

不動産を取得した相続人に対し、相続で取得を知った日から3年以内に相続登記が義務づけられます。正当な理由のない申請もれがあった場合には、10万円以下の過料の対象となります。

▼相続人申告登記制度の創設

遺産分割がまだ完了しておらず、不動産の登記がまだ完了していなくても、相続を知った日から3年以内に自

2021年の相続法改正の実施状況

施行日	改正	内容
2023年4月1日	土地・建物管理制度の創設	所有者不明・管理不全の土地・建物管理制度を創設し、財産処分を合理化する。
	特別受益・寄与分の期限の設定	相続開始から10年経過後は特別受益や寄与分を考慮せず、法定相続分で遺産分割する。
2023年4月27日	相続土地国庫帰属法の創設	相続・遺贈で取得した土地を手放し国家に帰属させることを可能とする（一定の要件・負担金あり）。
2024年4月1日	相続登記申請の義務化	不動産を取得した相続人は取得を知った日から3年以内に相続登記を行う。怠ると10万円以下の過料。
	相続人申告登記制度の創設	相続人が登記名義人の法定相続人であることを申し出れば、相続登記を履行したと見なす。
～2026年4月	登記名義人の死亡等の事実の表示	登記官の職権で登記名義人の死亡事実を公示することで、登記名義人の状況把握が容易になる。
	所有不動産記録証明制度の新設	特定の被相続人が名義人になっている不動産の一覧を証明書として発行。
	住所等の変更時の申請義務化	所有権の登記名義人に対し、住所等の変更日から2年以内に変更登記を行うことが義務づけられる。

分がその相続人であることを申告すれば、相続登記の申請義務が履行されたと見なされます。

〈2026年4月までに施行〉

▼登記名義人の死亡等の事実の表示

登記官の職権で登記名義人の死亡事実をほかの公的機関（住基ネットなど）から取得して不動産登記に死亡の事実を符合によって表示する制度を新設します。これによって登記を見れば、その不動産の所有権の登記名義人の死亡を確認できるようになります。

▼所有不動産記録証明制度の新設

相続登記が必要な不動産の把握を容易にするため、特定の被相続人（故人）が登記名義人になっている不動産の一覧を証明書として発行します。

▼住所等の変更時の申請義務化

現在、住所変更登記は義務ではありませんが、所有者不明の土地の発生が問題になっています。これを予防するために、所有権の登記名義人に対し、住所等の変更日から2年以内に変更登記を申請することが義務づけられます。「正当な理由」がないのに申請を怠った場合は、5万円以下の過料の対象となります。

第9章

老後に備える生前手続き

老後資金・住まい・施設についての疑問10

▶Q112～121◀

回答者
山本宏税理士事務所所長・税理士
山本《やまもと》 宏《ひろし》
山本文枝税理士事務所所長・税理士
山本文枝《やまもとふみえ》

寝たきりになっても人生は長い！老後資金や住まいなどの情報共有が何より重要

小松原里子（74歳）
玄関で転んだくらいで……
母さん大腿骨《だいたいこつ》骨折なのよ
きちんと治さないと寝たきりになっちゃうよ
里子のひとり娘・美里（54歳）
そろそろ母さんも生前整理が必要ね
わたしゃまだまだ死なないよ
といっても寝たきりになったらどうするか考えなきゃ
主人が死んで私と母さんの2人暮らし
美里の夫・雅彦（故人）
母さんが寝たきりになれば介護で私はパートもできない
お母さんの年金だけじゃ生活できないわ
嫁に行った美咲には頼れないし
美里の一人娘・美咲
私にも家庭があるからね

老いては子や孫に従えじゃよ
寝たきりになってもそれからの人生は長い
ジャーン
わっ
老後資金
公共料金の支払い
老後の住まい
高齢者施設……
いろいろ考えて生前整理をしておくことが重要じゃ
終活博士
ふん! お金ならへそくりがあるよ
高齢者施設に入居するときのためにね
えっ 本当?
家族にも秘密のお金は相続手続きに支障をきたすぞよ
万一のとき家族が困らんように美里さんとは隠し場所の情報を共有すべきじゃな
実の子が信じられないの!
ブー
ふん しょうがない
ボソ ボソ
え…っ ブタの貯金箱…!
チャリン
しーっ!
博士 高齢者施設について教えて
なるべく安いところを

Q112 老後資金はいくらあれば安心？ 2千万円は必要というのは本当ですか？

A 人によって大きく違う。3千万円必要な人もいれば、1千万円で十分という人もいる。

2019年、**金融庁・金融審議会が取りまとめた報告書に「老後資金は2千万円必要」とあり、物議を醸しました。ただし、これは総務省「家計調査」（2017年）にある1つのモデルケース（厚生年金加入の夫と専業主婦の妻。****次ジペーの図参照****）から算出した一例であり、すべての人に当てはまるわけではありません。**

そもそも、総務省の調査によると老後資金の不足額は3千万円と報告されています。そのほか、4千万円必要とも、5千万円必要とも結論づけている調査があります。このように調査によって金額に大きな差が出るのは、老後資金の計算のもとになるモデルケースが、それぞれ違っているからです。

実際のところ、収入・支出の内訳、家族の人数、年金の種類は世帯ごとに違うので、老後に必要となる自己資金がいくら、とは一概にはいえません。

冒頭の夫・専業主婦の2千万円を1つの目安とするなら、高齢者1人当たり1千万円の蓄えがあればいいことになります。自宅があり、贅沢《ぜいたく》を望まないなら、1千万円あれば十分という人も少なくないでしょう。

貯蓄はできるだけ温存することが肝心

厳しい見方をすれば、公的年金だけだと老後生活に不安が残るのは間違いありません。

左ジペーの図にあるとおり、厚生年金加入の夫と専業主婦（老齢基礎年金のみ）の妻の年金収入は、月割で平均19万円程度です。元気なうちは節約しながら年金の範囲内で暮らすこともできるでしょうが、介護が必要になって施設に入ることになったら家計は火の車です。

ちなみに、総務省によると世帯主が65歳以上の1世帯（2人以上）当たりの貯蓄額は平均2324万円（通貨性預金は618万円）と報告されています。貯蓄のある人は、できるだけ温存するように心がけましょう。

老後に必要となる自己資金 2,000万円の根拠

● 夫65歳以上、妻60歳以上の無職世帯（年金生活世帯）における毎月の平均収入・平均支出　※総務省「家計調査」（2017年）

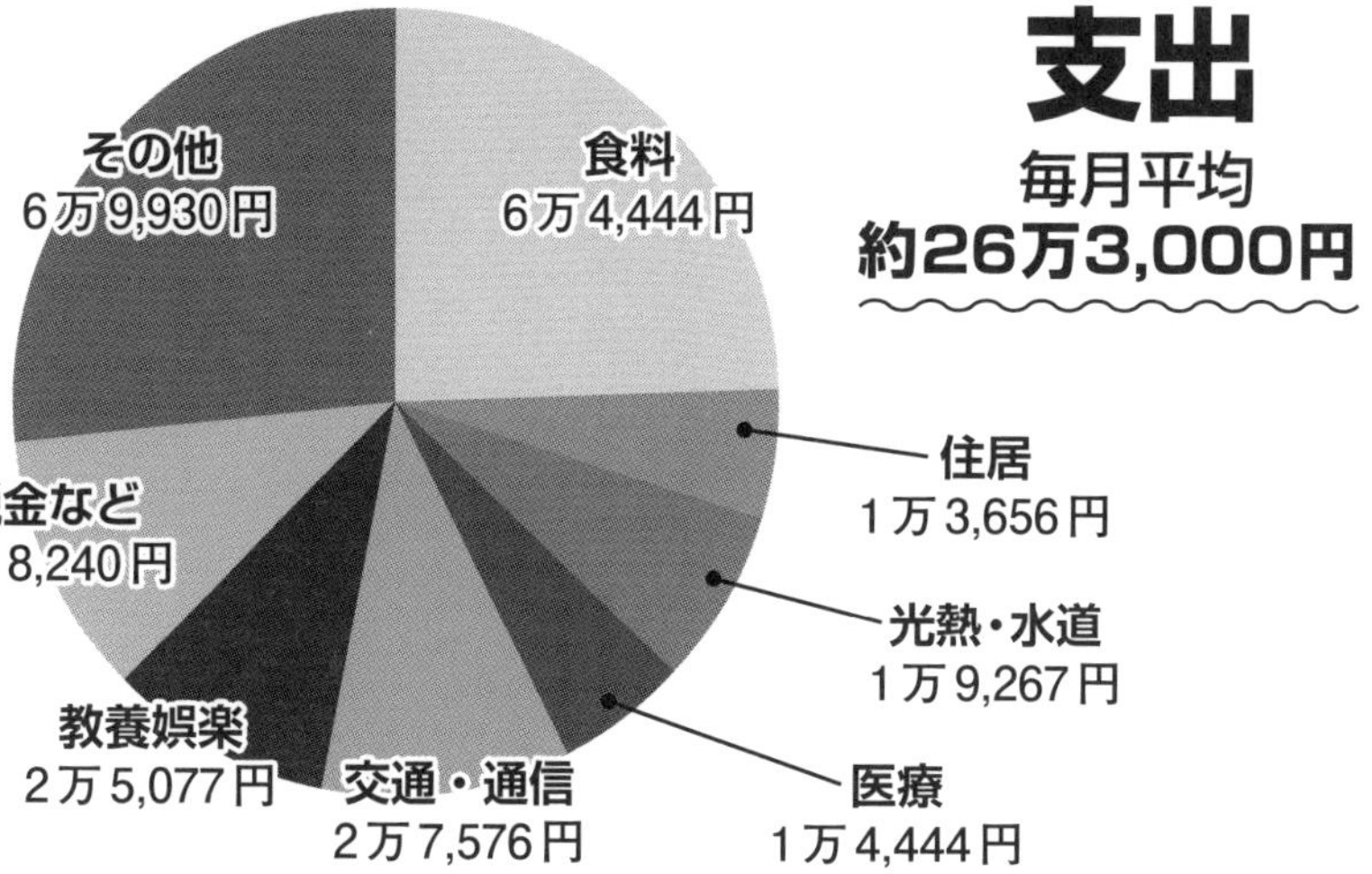

支出
毎月平均
約26万3,000円
食料
6万4,444円
住居
1万3,656円
光熱・水道
1万9,267円
医療
1万4,444円
交通・通信
2万7,576円
教養娯楽
2万5,077円
税金など
2万8,240円
その他
6万9,930円

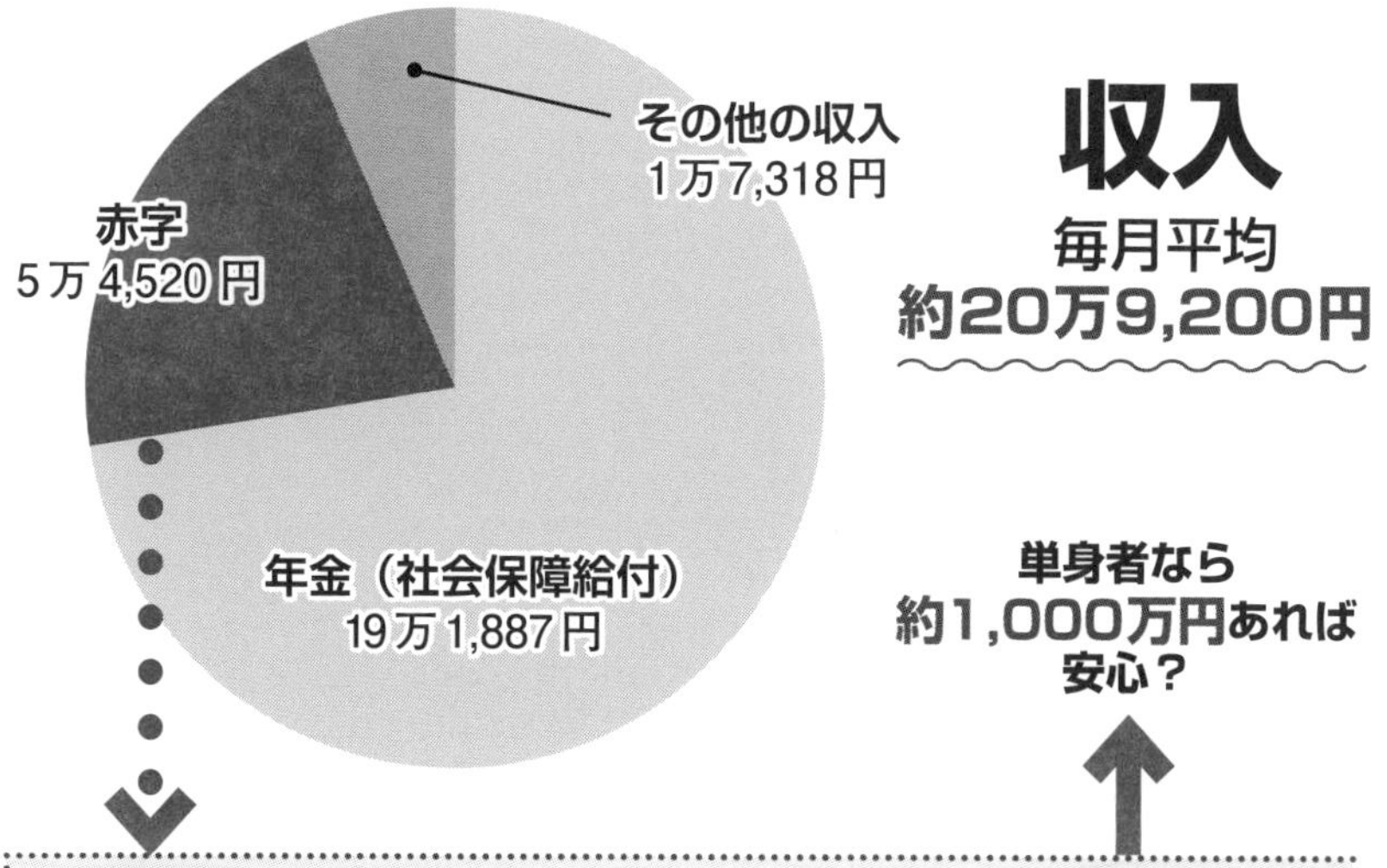

収入
毎月平均
約20万9,200円
その他の収入
1万7,318円
赤字
5万4,520円
年金（社会保障給付）
19万1,887円
単身者なら
約1,000万円あれば
安心？

月々の赤字　　必要な老後資金

5万4,520円×12ヵ月×30年＝約2,000万円

Q113 亡くなるまでに必要な老後資金はどのように計算しますか？

A 現在の資産額、年金額、老後年数などによりかなり正確に導き出すことができる。

老後に必要になる生活資金は、今の収入・支出をもとに、おおよその額を算出することができます。

まず、自分の支出（生活費）を求めましょう。左㌻の上にある書き込み表の支出項目に1つひとつ記入し、最後に合計して毎月の生活費を計算してください。

この生活費が公的年金の支給額の範囲内であれば、ひとまず安心です。しかし、年金額よりも毎月の生活費が多い場合は、その超過分の赤字の総額が、今後に補うべき老後資金となります。

超過して赤字になった人は、左㌻下の計算式に自分の毎月の生活費、毎月の年金、65歳時の平均余命を代入し、亡くなるまでに必要な老後資金の総額を求めてみましょう。ただし、この計算式で求められるのは生涯、自立して生活できた場合の老後資金の総額なので、要介護になった場合は介護費用などが別途必要になります。

要介護になった場合を想定しておく

注意しなければならないのは、要介護になって施設へ入居する場合です。安価で質の高い介護を期待するなら、今のところ特別養護老人ホーム（特養。Ｑ１１７参照）しか選択肢《し》はなく、月額費用は要介護3の人（住民税課税）で平均９万３６００円かかります（左㌻下の図参照）。介護を受ける期間は平均5年1ヵ月なので、費用総額は約５５１万円と試算されます。当然、介護度が上がったり、介護を受ける期間が長くなったりした場合、その分、費用総額は増えてしまいます。こうした費用を主に公的年金と老後資金で賄うことになります。

なお、この試算では要介護の全期間を特養に入居したと仮定し計算していますが、特養は待機者が非常に多く、入居までに数年かかることもあります。順番が回ってくるまで、一時的に費用の高い介護付き有料老人ホームに入居しなければならないことも考えられます。

老後にかかる毎月の生活費の書き込み表

❶ **住居費**（住宅ローン・家賃など）
合計（月額）　　　　円

❷ **食費**
合計（月額）　　　　円

❸ **水道光熱費**（水道・電気・ガス）
合計（月額）　　　　円

❹ **医療費**
合計（月額）　　　　円

❺ **交通費・車両費**（車の維持費）
合計（月額）　　　　円

❻ **通信費**（携帯電話・インターネット）
合計（月額）　　　　円

❼ **娯楽費**（映画・テレビなど）
合計（月額）　　　　円

❽ **被服代**
合計（月額）　　　　円

❾ **その他・家事用品代**
合計（月額）　　　　円

❿ **税金**（所得税・住民税など）
合計（月額）　　　　円

⓫ **社会保障費**（国民健康保険・介護保険）
合計（月額）　　　　円

毎月の生活費
❶～⓫の合計　　　　円

亡くなるまでに必要な老後資金の総額（1人分・生涯自立の場合）

（毎月の生活費－毎月の年金※1）×12ヵ月×65歳時の平均余命※2

※1 ほかに収入があれば年金に合算

※2 男性は約20年（2020年）女性は約25年（2020年）

【計算例】

毎月の生活費が13万円、毎月の年金が10万円の女性（65歳）に必要な老後資金

（13万円－10万円）×12ヵ月×25年＝約900万円

要介護になった場合の費用（上の計算式に加味する）

- **介護を受ける平均的な期間 ➡ 平均5年1ヵ月**
  ※出典：公益財団法人生命保険文化センター
- **特別養護老人ホーム（多床室）に入居した場合の月額費用（30日）**
  ➡ 要介護3で月額平均9万360円（住民税課税） ※出典：厚生労働省
- **要介護の全期間、特別養護老人ホームに入居した場合の費用**
  ➡ 5年1ヵ月で約551万円 ※多床室、要介護3で計算

Q 114 老後資金は厚生年金や国民年金でどれくらいカバーできますか？

A 厚生年金や国民年金の受給額がわかれば、不足分を補う老後対策が見えてくる。

国民年金の被保険者には、国民年金のみに加入する「第1号被保険者」、国民年金と厚生年金の両方に加入する「第2号被保険者」、第2号被保険者に扶養されている主婦などが対象となる「第3号被保険者」の3種類があります。それぞれの被保険者が受給する公的年金の平均月額は、下の図のとおりです。

第1号・第3号被保険者は月額5万〜6万円程度、第2号被保険者は月額10万〜16万円程度が目安となります。これをもとに計算すれば、受給する年金額で老後の支出をどれくらいカバーできるかがわかるでしょう。

国民年金基金や小規模企業共済、確定給付企業年金、個人型確定拠出年金（イデコ）、個人年金保険、終身保険などに加入している人は、それらの給付額が公的年金の受給額にプラスされます。早めに、こうした公的年金以外の収入源を確保しておくことをおすすめします。

公的年金の平均月額

国民年金（老齢基礎年金）の平均月額
（第1号・第3号被保険者）
※第1号は自営業者など
※第3号は会社員・公務員の妻など

平均 5万6,252円
男子／平均5万9,040円
女子／平均5万4,112円

国民年金 & 厚生年金の平均月額
（第2号被保険者）
※第2号は会社員・公務員など

平均 14万4,366円
男子／平均16万4,742円
女子／平均10万3,808円

※「2020年度厚生年金保険・国民年金事業の概況」（厚生労働省）より

Q115 電気・ガス・水道・電話など公共料金の支払いを放置すると家族はどうなる?

A 家族が解約または名義変更を行うことに。トラブルの一因になるので家族と情報の共有を!

電気・ガス・水道・電話などの公共料金やインターネットの契約者が亡くなった場合、その家族が各社に連絡して所定の手続きを行う必要があります。

具体的には、未払いになっている料金を支払うだけでなく、契約者がひとり暮らしだった場合は解約、家族と同居していた場合は名義変更の手続きを行います。

注意しなければならないのは、亡くなった人が家族と同居していて、未払いとなっている公共料金などの支払いや、名義変更を家族が放置しているケースです。

公共料金などの支払いの多くは、名義人の決済口座からの引き落としや、クレジットカード払いになっています。そのため、解約または名義変更をしないと決済口座が凍結されて料金が引き落とされず、サービスを止められてしまうことになります。

そこで、家族は契約者の死亡後、速やかに電気やガスなどの各社に連絡をして手続きをすませなくてはなりません。こうした手続きをスムーズに進めてもらうためにも、契約者は公共料金などの支払いの情報を、前もって家族に伝えておくことが大切です。

公共料金の名義変更はすぐに行う

公共料金の契約者が亡くなり、決済口座が凍結されると電気・ガス・水道・電話などを止められてしまう。そのため、家族は速やかに解約または名義変更を行う必要がある。

Q116 高齢者施設への入居を考えています。施設の種類やそれぞれの特徴は？

A 主に公的施設5種、民間施設6種があり、施設によってさまざまな特徴がある。

高齢者施設にはさまざまな種類があり、公的施設5種、民間施設6種に大きく分かれます（左ページの表参照）。

高齢者が施設に入居する一番の理由として、病気やケガで体が不自由になり、介護が必要になってしまうことがあげられます。例えば、脳卒中（脳梗塞《こうそく》など）の後遺症で体にマヒが残ると、着替えや入浴、トイレなどの日常生活に支障をきたし、24時間体制の介護が必要になることがあります。また、認知症を発症し、自宅での生活が困難になるケースも少なくありません。

そうしたことから、高齢者施設の多くは、要支援または要介護の認定を受けている人を対象としています。

介護を必要とする高齢者の主な受入れ先となっているのが、公的施設の「特別養護老人ホーム（特養）」と「介護老人保健施設（老健）」です（Q117参照）。民間施設では、「介護付き有料老人ホーム」に入れば手厚い介護を受けることができます。

長期療養が必要な人や終末期の人は、公的施設の「介護医療院」が適しています（Q121参照）。

介護が不要な人でも入れる施設は多い

高齢者施設の中には、介護が不要（自立）の人でも入居できるところがあります。それは、民間施設の**「健康型有料老人ホーム」「住宅型有料老人ホーム」「サービス付き高齢者向け住宅」「シニア向け分譲マンション」**です。また、介護付き有料老人ホームも、混合型というタイプなら自立の人を受け入れています。これらの施設に共通するのは、室内の段差をなくしたり、廊下や階段に手すりを設けたりするバリアフリー（障害を取り除くこと）が施されていることです。

なお、自立の人で生活に困窮している場合は、公的施設の「養護老人ホーム」に入り、社会復帰のための支援を受けることができます。

高齢者施設の種類

公的施設

施設の種類	特徴
特別養護老人ホーム（特養）	寝たきり、認知症などで日常生活の介護が必要な65歳以上の人（原則、要介護３以上）が対象。月額費用は安く、終身利用が可能。入居希望者が非常に多いため、待機期間が数年に及ぶこともある。
養護老人ホーム	収入が少なく、生活環境に問題がある65歳以上で介護の不要な人が対象。社会復帰の支援を目的としているため、要介護になったら退居しなければならない。
介護老人保健施設（老健）	病院の退院後などに在宅復帰をめざす65歳以上の人（要介護１以上）が対象。医療ケアを受けながらリハビリを行い、３ヵ月置きに在宅復帰判定を受ける。
介護医療院	日常的な医療ケアが必要な65歳以上の人（要介護１以上）が対象。長期療養も可能。
ケアハウス	身寄りがない人のための施設。介護が不要な60歳以上の人を対象とした自立型と、要介護１以上の人を対象とした介護型がある。

民間施設

施設の種類	特徴
介護付き有料老人ホーム	寝たきり、認知症などで介護が必要な60歳以上（施設によって異なる）の人が対象。24時間体制の手厚い介護を受けられる。入居一時金、月額費用は割高。
住宅型有料老人ホーム	介護がさほど必要のない60歳以上（施設によって異なる）の人が対象。要介護度が高くなると退居しなければならないことがある。入居一時金、月額費用は割高。
健康型有料老人ホーム	介護の必要がない60歳以上（施設によって異なる）の人が対象。認知症の人は不可。要介護になったら退居しなければならない。入居一時金、月額費用は割高。
サービス付き高齢者向け住宅（サ高住）	見守りや生活支援を受けられるバリアフリー型賃貸住宅。60歳以上の人が対象。介護を受けられる場合もある（要介護３以下）。月額費用は有料老人ホームよりも割安。
グループホーム	認知症で要支援２以上、65歳以上の人が対象。５～９人のユニット（グループ）で役割分担しながら生活する。月額費用は有料老人ホームよりも割安。
シニア向け分譲マンション	バリアフリー型の高齢者向け分譲マンション。見守りや緊急対応を行うほか、娯楽施設を備えるところも多い。価格は数千万円以上と高額だが、所有財産になる。

Q117 費用の安い公的施設を優先的に考えています。どの施設を選べばいいですか？

A 特別養護老人ホームが人気だが、入居希望者が多いために順番待ちの期間が長い。

民間の介護付き有料老人ホームは入居一時金などが高額なので、老後資金や年金が少ない人は費用の安い公的施設を選ぶことになります。費用が安くて手厚い介護を受けられ、終身利用を希望するなら、「特別養護老人ホーム（特養）」の一択となるでしょう。

特養は、トイレや入浴、着替え、食事など日常生活に介助が必要で、在宅介護の困難な人が入居する施設です。月額費用は10万円前後と安価であり、収入の少ない人ほど安く利用できる仕組みになっています。

ただし、特養は人気が非常に高く、申込みから入居まで順番待ちで、数ヵ月から数年かかるのがふつうです。

また、原則的に要介護3以上の介護認定を受けている人でなければ申し込むことはできません。要介護2以下の人は特養を利用できない、と考えましょう。

要介護1～2の人は、「介護老人保健施設（老健）」に入

特別養護老人ホームと介護老人保健施設の違い

	特別養護老人ホーム（特養）	介護老人保健施設（老健）
要介護度	原則要介護３以上	要介護１以上
対象年齢	原則65歳以上	原則65歳以上
提供サービス	介護、自立支援	介護、リハビリ、医療処置
利用期間	終身利用が可能	３ヵ月置きに、在宅復帰判定が行われる
居室のタイプ	多床室、個室	多床室、個室
申込みから入所までの期間	数ヵ月から数年かかることが多い	比較的早く入れる
医療従事者の有無	常勤の看護師がいる	常勤の医師と看護師がいる
医療費の負担	入所者が負担	施設側が負担
月額費用の目安	8万～13万円程度	9万～20万円程度

所し、リハビリを行って在宅復帰をめざすことがすすめられます。2013年からは施設内で医療・看護に重点を置いた「介護療養型保険施設（新型老健）」も新設され、多様なニーズに対応できるようになっています。

リハビリ目的の老健は終身利用が不可

老健、新型老健の欠点は、終身利用ができないことです。どちらも3ヵ月置きに在宅復帰判定が行われ、「自宅に戻っても大丈夫」と判断されたら退居しなければなりません。また、薬価上限を設定している老健が多く、薬をたくさん服用している人は入居を断られることがあります。これは、施設側が医療費を負担するためです。

ところで、手ごろな費用で利用できる介護付きの高齢者施設として、民間施設の「サービス付き高齢者向け住宅（サ高住）」も選択肢《し》に入ります。サ高住の中には「特定施設入居者生活介護（特定施設）」の認定を受け、介護施設として運営しているところもあります。

特定施設の認定を受けているサ高住の月額費用の目安は20万円前後です。特養に入居するまでの期間だけ、サ高住を利用するのもいいでしょう。

Q 118 民間施設は設備やサービスが充実しているそうですが、どの施設を選べばいい？

A 介護不要の自立した人も入居できる施設が多い。ニーズに合わせて選択を！

民間施設は、高齢者が快適に老後を過ごせるように配慮したところが多く、概して建物はきれいでバリアフリー（障害を取り除くこと）が標準です。

また、必ずしも介護を目的とした施設ばかりではなく、介護が不要な自立の人だけが入居できるタイプ（健康型有料老人ホームなど）もあります。

ですから、手厚い介護が必要な人は「介護付き有料老人ホーム」、自立の人は「健康型有料老人ホーム」「シニア向け分譲マンション」、その中間の人は「住宅型有料老人ホーム」「サービス付き高齢者向け住宅（サ高住）」、認知症の人は「グループホーム」といったように、自分のニーズに合わせて施設を選ぶといいでしょう。

月額費用の高さが民間施設のネック

介護を受けられる民間施設は、「特別養護老人ホーム（特養）」や「介護療養型保健施設（老健）」などの公的施設と比べ、どれも月額費用が割高になります。

というのも、特養や老健では自己負担額の上限が決められていますが、民間施設の場合は上限がなく、介護保険を超えた部分の介護サービス費、居住費、水道光熱費、食費、管理費がすべて自己負担になるからです。

さらに、有料老人ホームでは、高額な入居一時金がかかることがあります。相場は数十万円から数百万円ですが、中には数千万円もかかる施設もあります。

入居一時金は保証金のようなもので、退去時に一部が返還されることもありますが、毎月一定額が月額費用の一部に充てられるため、5〜15年ほどで全額が償却されます。ちなみに、建物がきれいで良質なサービスを受けられる施設ほど入居一時金は高い傾向があります。

サ高住、グループホームの場合は、入居一時金がかからないところも一部ありますが、少なくとも数十万円程度は用意しておいたほうがいいでしょう。

民間施設のメリット、デメリット

	メリット	デメリット
介護付き有料老人ホーム	すぐに入居できることが多く、手厚い介護を受けられる	入居一時金が高額であることが多い。また、月額費用も高い
住宅型有料老人ホーム	軽度な介護度の人まで入居でき、生活支援サービスを受けられる	介護度や医療依存度が高くなると、退居しなければならない
健康型有料老人ホーム	自立の人どうしの活動、イベントが充実	要介護になったら退居しなければならない
サービス付き高齢者向け住宅（サ高住）	バリアフリー設計の賃貸住宅。安否確認、生活相談、生活支援サービスのほか、介護を受けられるところもある	介護度が高くなると、住みつづけることが困難になる
グループホーム	認知症の人でも自立した生活を送れる	自分で身の回りのことをできることが条件
シニア向け分譲マンション	建物がバリアフリー設計。生活支援サービスを受けられる	数千万円から数億円もの購入費用が必要

Q119 年金生活者です。まとまったお金がなくても入れる高齢者施設はありますか?

A 要介護なら特養、老健が費用は最も安い。民間施設への入居は年金のみだと難しい。

「特別養護老人ホーム（特養）」「介護老人保健施設（老健）」は、まとまったお金がなくても入居可能です。要介護の人は、第一に特養や老健を検討しましょう。

民間の施設では、「サービス付き高齢者向け住宅（サ高住）」「グループホーム」は初期費用が比較的安く、入居しやすいといえます。

ただし、サ高住は初期費用が安くても、入居後の月額費用が20万円前後かかります。そのため、預貯金が少なく、公的年金だけで暮らしている人は長く住みつづけることができません。

手持ちの資金が不足してしまったときには、生活保護の申請が必要になることもあります。

Q120 元気なうちから入居できる高齢者施設はありますか?

A 楽しく暮らせる健康型有料老人ホームなど、介護不要の人も入居できる施設がある。

要支援・要介護ではない自立の人でも、高齢者施設に入居することは可能です。

お金に余裕があるなら、「健康型有料老人ホーム」がいいでしょう。この施設は活動的な高齢者を対象としていて、プールやカラオケ室などが併設されていたり、レクリエーションが催されたりしているので、楽しく暮らせます。ただし、入居一時金や月額費用が高く、要介護になると退居しなければならないのが欠点といえます。

ほかに、介護サービスが充実していてケアスタッフの見守りを受けられる「サービス付き高齢者向け住宅（サ高住）」もおすすめ。経済的な事情がある場合は「特別養護老人ホーム（特養）」への入居も可能です。

Q121 2025年以降は病院で亡くなるのが難しくなると聞きました。どんな心構えが必要？

A 2025年以降は団塊世代の後期高齢化でベッドが不足し、自宅で死ぬ覚悟も必要に！

現在、日本人の約9割は病院で亡くなっています。多くの人はがんや慢性疾患（糖尿病・腎臓《じんぞう》病など）の末期、老衰などで入院し、最期を遂げることになります。

そうした終末期医療の主な受け皿となっているのは、医療法人が運営する「介護療養病床」です。しかし、介護療養病床は2024年までに廃止され、その代わりに「介護医療院」が順次新設されます。厚生労働省によると、2021年11月末時点での介護医療院の病床数は3万8262床。今後、病床数は増える見込みですが、決して十分な数が確保されているとはいえません。

問題は、介護療養病床が廃止される翌年の2025年に団塊世代の多くが75歳を迎え、後期高齢者になることです。団塊世代は、1947～1949年のベビーブームに生まれた世代で、厚生労働省の統計では全体で約806万人いると報告されています。これだけおおぜいの人たちが本格的な老後を迎えるのですから、近い将来、病床が足りなくなることは容易に想像できます。

2025年以降しばらくの間は、終末期になっても病院に入院できない場合があることを肝に銘じたほうがいいでしょう。

介護施設や自宅での看取りが増える

病院以外に最期を迎える場所としては、介護施設や自宅が想定されます。介護施設では医療処置を受けられませんが、看取りのケアは行っているので、寝たきり・老衰の場合は適しているでしょう。また、末期がんの患者さんのためにホスピス（緩和ケア）を行っている施設（有料老人ホームやサ高住の一部）もあります。

自宅で最期を迎えるケースでは、医療処置は訪問医や訪問看護師が行い、身の回りの世話は家族やホームヘルパーが行うことになります。まずは、在宅診療を行っている医療機関に相談しましょう。

第10章

思い出の資産整理

写真・パソコン・スマホ・心の生前整理についての疑問18

▶Q122〜139◀

回答者
東池袋法律事務所
弁護士
根本達矢《ねもとたつや》

パソコンやスマホ内のデジタル遺品の情報を家族と共有し相続の備えを万全に！

よいしょ
何してんの？
生前整理さ 定年退職するから いらない洋服や 写真や年賀状など 身の回りのものを 整理するんだ
阿部正男（60歳）
孫・直樹
ここは いいから あなたは パソコンの 中を整理して
中をどうやって 整理するんだ？
正男の妻・千鶴
パソコンや スマホの中の データを整理 するんじゃ
わかるじゃろ！
フッー‼
写真や動画や文書 メールなどのデータは デジタル遺品といって ご本人が亡くなると 家族は処分に困る
終活博士
中には家族にも 見られたくない データも……
わははは
そんなの あるわけないさ
あるのね
うわきもの！
い……いやいや 貯めた小遣いを ネットで増やして いるんだ
自分の小遣いの 範囲なら 損益の情報まで 共有する 必要はないが

ネット証券などのログインIDやパスワードなどの情報は共有しておくべきじゃ
最近は有料サイトや有料アプリを利用している人も多い家族がそれを知らないと解約されずずっと利用料がかかってしまうので要注意じゃ
エンディングノートなどにネット証券の会社名や口座番号・株式銘柄投資金額などを記載しておくといいの
最近よく聞く暗号資産っていうのもデジタル遺産だよね
厳密には違うが似たようなものじゃ仮想通貨ともいわれ1億円以上儲かる「億り人」が出て社会現象にもなった
1億！
長男・孝太郎（36歳）
孝太郎の妻・詩江（36歳）
もし暗号資産を持っているならその情報も家族と共有しておくことじゃ
大丈夫そんなのやってないよ
ああ暗号資産だ！
ぼくのへそくり
どうやって入れたの？
チャリーン

Q122 身の回りの家財を整理したい。まっ先に手をつけるのはなんですか?

A 家具や家電などの大きいものから整理し処分すると見た目も心もスッキリ!

生前整理で最初にやるべきことは、身の回りの不要な家財の処分です。とはいえ、何から手をつけていいかわからず、戸惑ってしまう人もいるでしょう。

家財を整理するときの基本は、大きなものから先に処分することです。具体的には、余分な家具や寝具を捨てたり、使わなくなった家電、乗らなくなった自動車を売却したり処分したりします(下の図参照)。

室内、押し入れ、物置、車庫の広いスペースを占有している家財を優先的に処分することで、家の中がスッキリして達成感を得られ、ほかの家財の整理もはかどるようになります。大きなものを処分したら、衣類、食器、調理器具、本など小さなものを整理しましょう。

なお、処分していいのは余分にあるもの、使わなくなったものだけです。毎日の生活で使う必要なものだけを残し、あとはどんどん処分しましょう。

生前整理で最初に処分するといい家財

余分な家具

タンス、テーブル、イスなどの家具は、必要なもの以外を処分する。

使わなくなった家電

壊れた家電は処分。作動する家電はリサイクル店で売却する。

余分な寝具

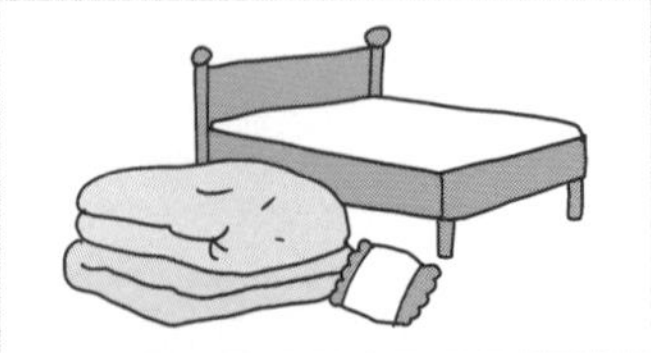

使わなくなった余分な布団や不要なベッドは粗大ゴミに出す。

乗らない自動車

免許証を自主返納して乗らなくなった自動車は売るか、廃車にする。

Q 123

写真はなかなか捨てられません、特に子供の写真は…。いい方法はありますか？

A

紙焼きの写真はデータ化して保存すれば場所を取らずに収納することができる。

家族のアルバムには懐かしい思い出がつまっているので、なかなか捨てられないものです。とりわけ、子供の写真は捨てられないのではないでしょうか。

そこで、おすすめしたい整理方法は、紙焼きの写真をスキャナーで読み取り、画像データ化することです。最近は、多機能プリンター（複合機）にたいていスキャナーの機能があるので、簡単に画像データ化ができます。

やり方は、スキャナーで写真を読み取ったあと、画像データをパソコンか記憶メディア（USBメモリなど）などに保存するだけです。保存した画像データは、パソコンでフォルダ分けをしたり、わかりやすくファイル名をつけたりするといいでしょう。画像編集ソフトを使えば、画像データの色味を補正することもできます。

スキャナーの専用機、あるいは多機能プリンターは、安いものなら2万円程度から購入できます。

また、コンビニエンスストアにあるマルチコピー機でもスキャナーを使えます。料金は1枚の読み取りにつき30円程度です。この場合も、画像データの保存用に記憶メディアが必要になります。

スキャナーで写真をデータ化

紙焼きの写真は、スキャナーで画像データ化ができる。市販されている専用機のほか、多機能プリンター、コンビニエンスストアのマルチコピー機にもスキャナー機能がある。

Q124 バッグや服、靴はもったいなくて捨てられません。どうしたらいいですか？

A 捨てると思わずに「残すものを選ぶ」と考えよう。ネットなどで売るのも1つの方法。

バッグや衣類、靴は、燃えるゴミに出せるので、処分しようと思えば簡単に捨てられます。

しかし、ふと「まだ使えるのではないか」と思い、捨てないでいることが多いもの。そうするうちに、部屋の片隅には使わないバッグ、タンスの中は着ない服、玄関の靴箱は履かない靴でいっぱいになってしまいます。

そこで、**バッグや衣類、靴は、ふだん使うものだけを残し、あとは全部捨ててしまいましょう。「残すものを選ぶ」と考えれば捨てるべきものが見えてきます。**

状態のいいブランド品のバッグや、新品同様の服、人気の靴は、インターネットの売買サービス（メルカリなど）に出品して売るのも1つの方法といえます。

Q125 年賀状は年々増えるいっぽうです。どうやって整理したらいいですか？

A 数年分の年賀状をファイルにまとめて住所録を作ったり、データで保存したりするといい。

大切な人からもらった手紙やハガキは、なかなか捨てられないものです。毎年、大量に届き、どんどんたまってしまう年賀状は悩みのタネかもしれません。

とはいえ、年賀状に記されている相手の住所や電話番号は、いざというときの連絡先として役立つため、安易に捨てられないという事情もあるでしょう。

年賀状の効率的な保管方法は、住所録を作り、直近の3〜4年分だけをファイルにまとめて残すことです。そして毎年、新しい年賀状の連絡先と住所録を照らし合わせて情報を更新。ファイルに新しい年賀状を追加し、一番古い1年分は捨てます。また、スキャナーで年賀状を画像データ化をするのもいいでしょう。

Q 126 パソコンやスマホ内のデータは、どうやって整理したらいいですか？

A 「残すデータ」と「消すデータ」に分類し、うまく仕分けをしておこう。

パソコンやスマートフォン（スマホ）の中のデータは定期的に整理しないと、さまざまなファイルであふれかえり、いざというときに必要なデータが見つからないことがあります。また、不要なデータを放置していると、内部記憶装置の容量が不足する原因にもなります。

ですから、**パソコンやスマホに保存してあるデータは、常に必要なもの、不要なものに仕分けをすることが肝心です。そして、不要なデータはパソコンならゴミ箱に入れ、スマホなら削除を選んで消去しましょう。**

効率的な整理法はデータごとに違う

ふだんから整理したほうがいいデータとしては、メール、画像・映像ファイル、音楽ファイル、ダウンロードしたファイル、オフィスソフト関連のファイル（主にワープロソフトや表計算ソフト、プレゼンテーションソフトのファイル）、PDFファイル、インストールしたソフト（アプリ）などがあります。それぞれ効率的な整理法について説明しましょう。

●メール

メールのデータは受信メール、送信メール、迷惑メールなどに分かれ、ソフト（アプリ）内の各フォルダに収納されます。このうち迷惑メールは、即座に削除してかまいません。受信メール、送信メールは過去2～3ヵ月分だけ残し、あとは削除するといいでしょう。なお、重要なメールは古くても残すようにしてください。

●画像・映像ファイル

撮影に失敗したり、不要になったりした画像・映像ファイルは削除しましょう。残したい画像・映像ファイルはテーマ別にフォルダ分けします（Q131参照）。

画像・映像ファイルの整理は、内容をサムネイル表示できるパソコンのほうが便利です。スマホやデジタルカメラ、ビデオカメラで撮影したファイルは、パソコンに移したほうが効率よく整理できます。

●音楽ファイル

音楽再生ソフト（アプリ）でデータを管理します。インターネット経由で購入した楽曲は再度ダウンロードできるので、あまり聴かなくなったらいったん削除してもいいでしょう。

●ダウンロードしたファイル

パソコンの場合、インターネットから各種データを保存するたびに、ダウンロードフォルダにファイルがどんどんたまります。特に、圧縮ファイルは解凍したあともそのまま残るのでまめに削除してください。

●オフィスソフト関連のファイル

仕事でやり取りする資料は、案件ごとにフォルダを作って仕分けをします。不要なら捨ててもかまいませんが、しばらく残しておいたほうがいいでしょう。

●PDFファイル

仕事用の資料なら、案件ごとのフォルダを作って仕分けをします。また、役所に提出する申請書などのプリントアウトを前提とした書類は、印刷したらPDFファイルは不要になるので速やかに削除します。

●インストールしたソフト（アプリ）

ふだん、あまり使わないソフト（アプリ）はアンインストールの操作で削除します。

なお、**パソコンの場合、システム全体に不要なデータがたまっていることがあるので、ディスクのクリーンアップをすることも大切です**（左の図参照）。この操作をすることで不要なデータがまとめて削除されます。

ディスクをクリーンアップする

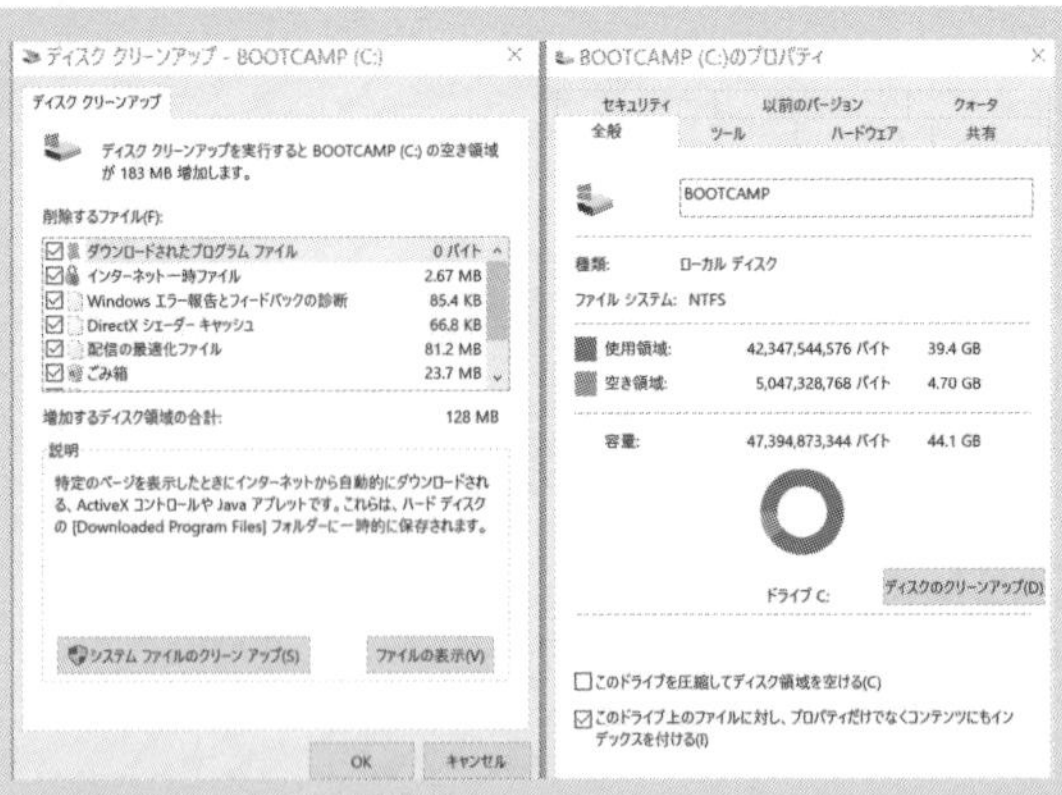

ウィンドウズOSなら「ディスク クリーンアップ」でシステム上の不要なデータを削除できる。図はウィンドウズ10。やり方は、ドライブのプロパティ（図右）から「ディスク クリーンアップ」を選び、削除するファイルにチェックを入れてOKボタンを押す（図左）。

Q127 パソコンやスマホ、有料アプリなどの契約は私が死んだらどうなりますか？

A 自分の死後、遺族が契約を解除するまで続く。契約内容の情報を家族と共有しておこう。

携帯電話やインターネットの契約は、名義人が亡くなったあと遺族が解約の手続きを行うまで続きます。必要な情報は前もって家族に伝えておいてください。

また、パソコンやスマートフォンでは「サブスク」（サブスクリプションの略）といって、定額料金を支払うと一定期間、コンテンツ（情報の中身）や商品が使い放題になるサービスが急増しています。例えば、有料アプリ（ソフト）や動画、音楽、電子書籍などです。

サブスクの契約も、遺族が解約の手続きをするまで続きます。ですから、自分が契約しているサブスクのユーザー名、パスワードなどを家族に伝えておきましょう（Q135参照）。

Q128 スマホの有料アプリを複数利用しています。なかなか解約できないのですが？

A 今すぐ解約する必要はないが、いつでも解約できるように家族と情報の共有を！

スマートフォン（スマホ）に入れて使うアプリ（ソフト）には、無料アプリと有料アプリがあります。

このうち、有料アプリの多くは、いったん購入すれば、あとはお金がかからずに使えます。有料アプリで一定期間ごとに料金がかかるのは、Q127で説明したサブスクの場合です。1台のスマホで複数の有料アプリを契約しているケースもよくあります。

ふだんの生活で必要なサブスクの有料アプリは、今すぐ解約しなくても大丈夫です。ただし、死後に家族がスムーズに解約手続きができるように、各有料アプリのユーザー名、パスワードを遺言書やエンディングノートにまとめておくといいでしょう。

Q129 スマホやパソコンのIDやパスワードを私の死後、遺族に知らせる方法は？

A 第三者に知られないように、遺言書に秘密情報の一覧をつけて知らせる。

スマートフォン（スマホ）やパソコンを使うときには、ユーザー名（ＩＤ）やパスワード、ＰＩＮコード（個人認識番号）の入力が求められます。また、インターネット上で利用している各種サービスもアカウントＩＤ、パスワードの入力が必須です。

デジタルの個人情報は、金融機関の口座など資産管理にも関わることなので第三者に知られることなく自分で管理しなければなりません（Ｑ１３０参照）。

問題は自分が亡くなったとき、どのようにしてID、パスワード、PINコードなどの情報を遺族に知らせるかです。最も安心なのは、自筆証書遺言（Q91参照）または公正証書遺言（Q95参照）にID、パスワード、PINコードの一覧をつけ、相続人に遺品整理を委ねておくことでしょう。そうすれば、相続人となる遺族だけが自分のスマホやパソコンの中身を見ることができ、契約している各種サービスの内容もすぐにわかります。

自筆証書遺言でＩＤ、パスワード、ＰＩＮコードを遺族に知らせる場合は遺言書を自宅に保管せず、必ず自筆証書遺言書保管制度（Ｑ92参照）を利用してください。

家族に遺すデジタルの個人情報

ユーザー名（ID・アカウント）	→パソコン、ネットサービスの利用者名。アカウントはメールアドレスであることが多い
パスワード	→ロックを解除するための暗号。ネットサービスでは定期的に更新を求められることがある
PINコード	→ユーザー名、パスワードの代わりになる個人認識番号。スマホやパソコンで用いられる
契約中のサービス	→定額料金を支払っているネットサービス、有料アプリなどをまとめておくといい
決済口座	→ネットサービスの料金の決済口座。ネットバンキングなら口座番号、パスワードを明記

Q130 IDやパスワード、暗証番号などをパソコンで管理したい。どんな注意が必要？

A パスワードなどが複数ある場合、一括管理するアプリを利用するのが便利。

ここ数年で社会のデジタル化が一気に進み、スマートフォン（スマホ）やパソコン、各種のネットサービスが日常生活に欠かせなくなりました。

それとともにユーザー名（ID）やパスワード、PINコード（個人認識番号）といったデジタルの個人情報の管理が重要になってきています。デジタルの個人情報には金融機関の口座番号やパスワードも含まれるため、第三者の目に触れないように厳重なセキュリティーで管理しなければなりません。

一般的にIDやパスワードは、複数のものを使い分けるものです。そうした大切なデジタルの個人情報は紙にメモしたりせず、パソコンで一括管理することをおすすめします。例えば、マイクロソフトのエクセル（表計算ソフト）を使えば、表組み形式で情報をまとめられるばかりか、パスワード設定でファイルを暗号化できるので、デジタルの個人情報を管理するのに便利です。

最近は専用のパスワード管理ソフト（パスワードマネージャーなど）もいくつかあります。どれも高度な暗号化技術を採用しているので試してみるといいでしょう。

パスワード管理ソフトもある

ふだん、インターネット上で利用するデジタルの個人情報を自動でまとめてくれる管理ソフトもある。図は、世界じゅうで広く使われている「1PASSWORD」のホームページ。

Q131 家族に遺したい写真や動画などのデータはパソコンにどう保存したらいい？

A テーマごとにフォルダを階層化しておけば、いつどこで誰を撮ったのかが一目瞭然。

デジタルカメラやビデオカメラ、スマートフォンなどで撮影した写真・動画は、パソコンに取り込んでまとめて整理するといいでしょう。

写真・動画のデータを整理するさいの基本は、テーマごとにフォルダ（ファイルを格納・分類する保管場所）を階層化して保存することです。例えば、子供の写真・動画なら、「名前のフォルダ」→「年齢のフォルダ」→「小学校のフォルダ」→「運動会のフォルダ」といったように次々と階層化していきます（下の図参照）。このようにフォルダを階層化したあと、該当するフォルダへ写真・動画のファイルを収めればいいのです。

さらに、**ファイル名を工夫すると整理がはかどります。具体的には、①家族の名前、②年齢や年号、③ヒントとなるキーワード、④通し番号などをファイル名につけましょう。**そうすれば、どのフォルダにどのファイルを入れればいいのかが簡単にわかります。

なお、整理した写真・動画のデータは、パソコン本体の故障に備え、外づけのハードディスクや記憶メディア（USBメモリなど）にバックアップしてください。

フォルダ階層化の例

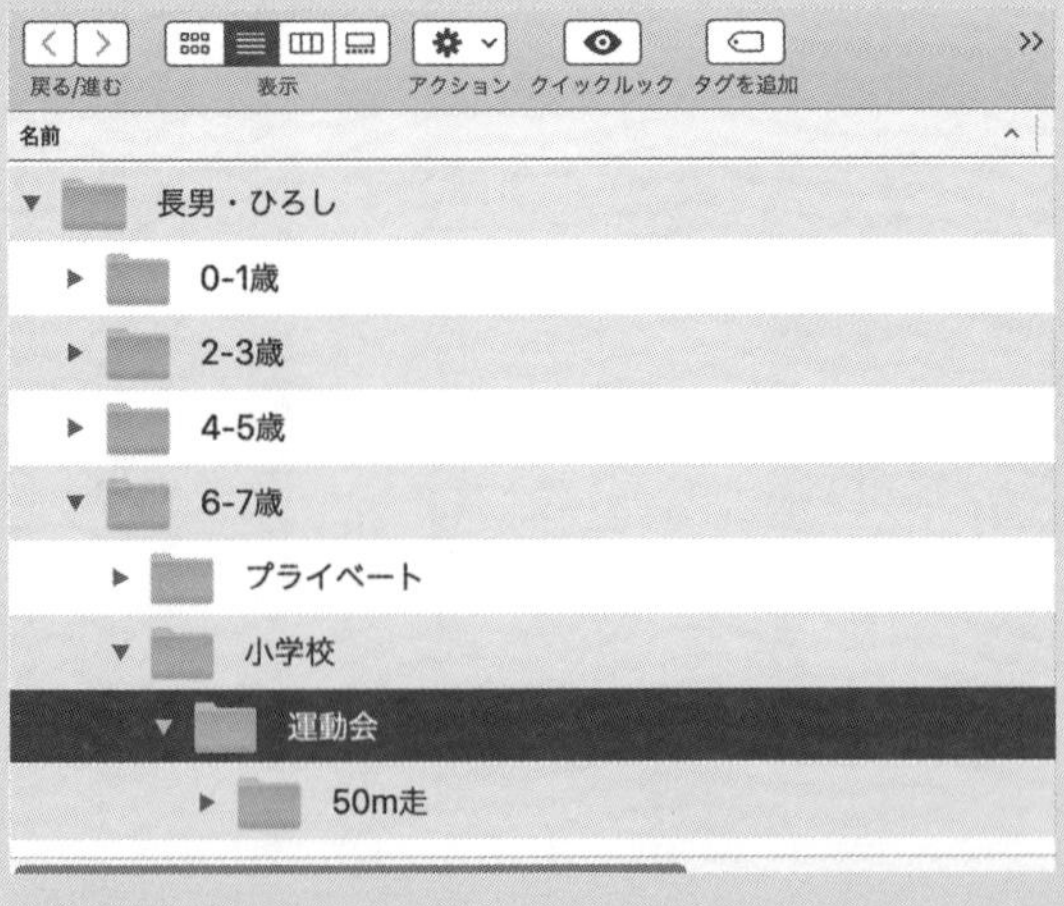

家族の写真・動画なら、名前→年齢→ライフイベント（人生での出来事）の順にフォルダを階層化する。そのほか、年号→名前→ライフイベントの順でも整理しやすい。

Q132 誰にも知られたくないデータは、どうやって保存したらいい？

A パスワードを設定したうえで暗号化すれば、内容を知られることはない。

一般的に使われることの多いマイクロソフトのワード（ワープロソフト）、エクセル（表計算ソフト）、パワーポイント（プレゼンテーションソフト）には、ファイルの読み取り・書き込みにパスワードを設定できる機能があります。**それらのファイル形式で誰にも知られたくないデータがあるなら、読み取りにパスワード設定をしておきましょう**。ただし、パスワードを忘れるとファイルを開けなくなるので別に控えておくことが肝心です。

また、ウインドウズ10やウインドウズ11には、フォルダを暗号化してロックする機能があります。ファイルのパスワード設定とフォルダの暗号化を併用すれば、情報管理のセキュリティーはより強固になります。

Q133 パソコンの故障などによるデータ消失を防ぐには、どんな備えが必要ですか？

A 万一のデータ消失を防ぐには、少なくとも2ヵ所の二重保存をするといい。

パソコンには、故障によるデータ消失などのトラブルがつきものです。そのため、**いざというときに備えてパソコンの中にあるデータは、定期的に外づけのハードディスクに保存することをおすすめします**。ウインドウズ10、ウインドウズ11にはバックアップ機能があるので、週に1回は外づけのハードディスクにパソコン内のデータを丸ごと保存するようにしましょう。

なお、火事や地震、洪水などで自宅が損壊し、パソコンと外づけのハードディスクが同時に使えなくなる事態が起こることもあります。**万一に備え、インターネット上にデータを保存できるクラウドストレージを利用し、大事なデータはそこにも保存しておけば安心です**。

Q134 誰にも見られたくない写真や動画を完全に消去するにはどうしたらいい？

A スマホのデータなら、各アプリを起動して削除するだけでいい。

パソコンやスマートフォン（スマホ）は、本体やＯＳ（オペレーティングシステム。基本ソフトのこと）を出荷状態に戻す初期化（オールリセット）ができます。パソコンやスマホに見られたくない画像や動画があり、完全に消去したい場合は、必要なデータを記憶メディアなどに保存したうえで本体を初期化するのが一番確実です。

もっとも、スマホはアプリごとにデータが管理されており、パソコンのようにデータの構成が複雑ではありません。ですから、初期化のような大がかりなことをするまでもなく、画像や動画に関連する各アプリを起動して、見られたくないデータが見つかったら削除するだけでいいでしょう。

Q135 スマホのサブスク契約は遺族が解約しにくいそうですが、どんな備えが必要？

A サブスクの死後手続きはネット上で行うので故人のアカウント情報が必須！

スマートフォン（スマホ）やパソコンで使用しているサブスクの各種手続きは、基本的にインターネット上のみで行います。そのため、遺族が被相続人（故人）の契約しているサブスクを解約するためには、アカウントやパスワードでサービスにログインし、所定の手続きを行うことになります。多くのサブクスは、遺族が故人の代理で解約の手続きを行えます。

ですから、生前の備えとしては、スマホやパソコンで利用しているサブスクのユーザー名（ＩＤ）、パスワード、支払い方法、決済口座などの情報を遺言書にまとめておくようにしましょう（Q129参照）。

広く利用されている主なサブスクの死後手続きについ

て、下の表にまとめたので参考にしてください。

ECサイトのギフト券は相続財産になる

なお、一部に遺族が故人の代理でアカウントを閉鎖してはいけない場合があるので要注意。例えば、サブスク大手のAmazon《アマゾン》 Prime《プライム》の場合、死後手続きを行うときはカスタマーサービスに連絡し、Amazonのアカウントそのものを閉鎖することになります。というのも、故人のアカウントにギフト券が残っていると、それらが相続財産（遺産）となるからです。

遺族がアカウントに残っているギフト券の相続を希望する場合は、名義人が死亡した事実や相続人との関係が確認できる戸籍謄本の画像、相続人全員の同意書の画像、相続人のアカウントのメールアドレスを送信することが必要になります。

もし、遺族が故人の代理でアカウントを閉鎖したあとに、ギフト券のようなインターネット上の遺産を勝手に利用すると相続人どうしでトラブルになる危険があります。ですから遺族は、各サブスクの規約に則って解約手続きを行ってください。

主なサブスクの死後手続き（ブラウザでのやり方）

Amazon Prime **（電子書籍・動画・音楽）**	→ログインした状態で「ヘルプ」の画面から「カスタマーサービスに連絡」を選び、チャットで契約者の死亡を通知。あとは案内に従って手続きを行う
Netflix **（動画）**	→ログインした状態で「アカウント情報」の画面から「メンバーシップのキャンセル」のリンクをクリックする（代理人による解約可）
Hulu **（動画）**	→ログインした状態でオーナープロフィールを選び、解約の手続きを行う。支払い方法によって解約の手順が異なる（代理人による解約可）
DAZN **（スポーツ中継）**	→ログインし、メニューから「マイ・アカウント」を選択。「登録情報」の「退会する」を選ぶ。アプリ内課金の退会方法は異なる（代理人による解約可）
Spotify Premium プラン **（音楽）**	→アカウント情報にログインし、「プラン変更」を選択。「Spotify をキャンセル」から「Premium をキャンセル」を選ぶ（代理人による解約可）

Q136 誰にも見られたくないデータを私の死後、自動的に消す方法があるって本当？

A 自動的に削除できる便利な方法があるので、利用してみるといい。

パソコンやスマートフォン（スマホ）の誰にも見られたくない画像や動画は、どうしたらいいでしょうか。

実は、自分の死後にパソコンやスマホの中にある見られたくないデータを自動で削除できる方法があります。

パソコンの場合は、遺言ソフトや終活ソフトを利用します。そうしたソフトの一部には、任意の期日を過ぎてからパソコンを起動したり、本人確認ができなかったりしたときに指定したファイルが自動で削除される機能があります。多くは無料のフリーソフトなので、パソコンをよく使う人は利用するといいでしょう。

一方、**スマホには、事前に指定したファイルを自動で削除できるアプリは今のところ特にありません。**

裏技としては、Android《アンドロイド》 OSのスマホなら、Google《グーグル》アカウントを一定期間（3～18ヵ月）使わない場合にアカウントデータが自動で削除される機能がありますアカウント無効化管理ツール）。この機能をオンにすると、Gmail《ジーメール》やGoogleドライブのデータが期日後に自動削除されます。まめに期日を変更する必要はありますが、便利な機能といえます。

自動でデータを削除するソフト

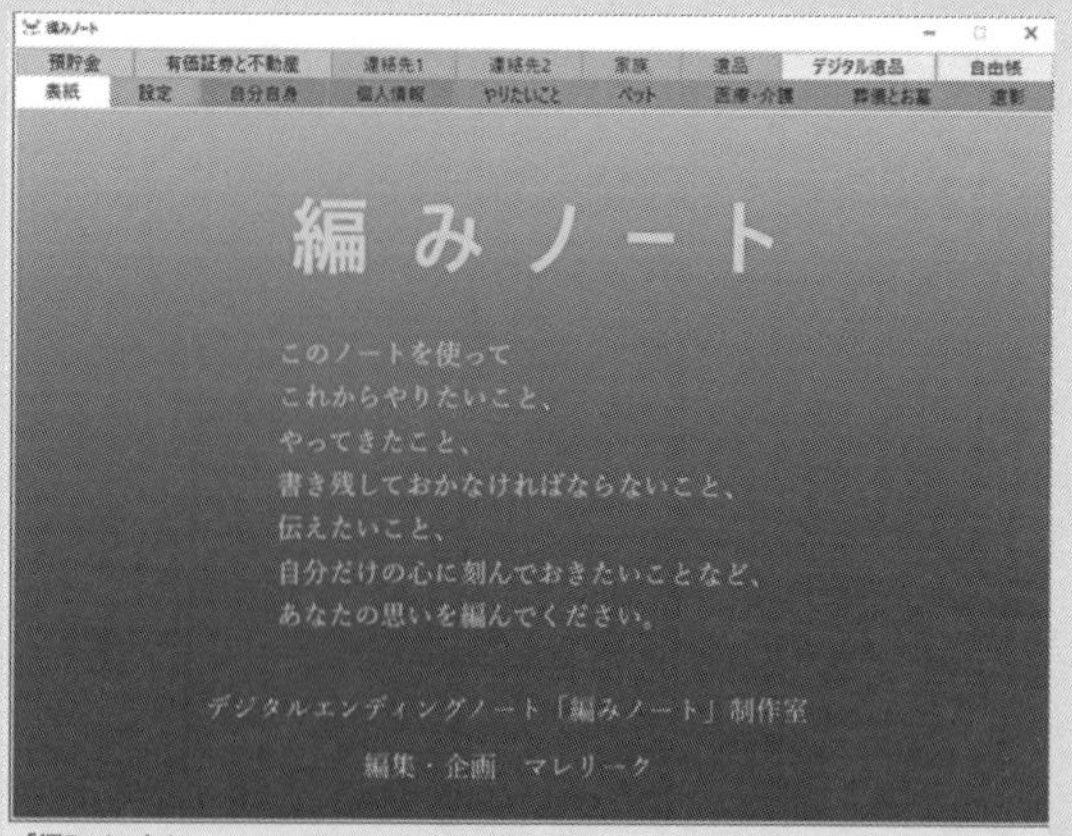

「編みノート」

無料の終活ソフト「編みノート」（マレリーク）。任意の期日以降の起動や、本人確認ができない場合に指定したファイルが自動削除される。ウィンドウズ 10 にインストール可能。

Q137 カードのポイントやマイル、スイカの残高は早めに使ってしまうべきですか？

A ポイントは本人の死亡後にほとんどが失効！マイルや一部の電子マネーは相続できる。

現在、小売店や各種サービスごとに独自のカードがあります。とりわけ、買い物のたびに一定の割合が還元されるポイント（あるいはマイル）は、現金の代わりに使えるので大事にとっている人も多いでしょう。

では、ポイントやマイルは相続財産になるのでしょうか。これは、取扱い会社の規定によってそれぞれ違います。まず、ポイントは会員という資格に与えられており、本人の死亡で失効することがほとんどです。相続財産にならないなら、生前に使い切るのがいいでしょう。

例外として、大手家電量販店の一部などは家族間のポイント移行を認めており、遺族は故人のカードに残っているポイントを合算することができます。

次に、日本航空のＪＡＬマイレージバンク、全日本空輸のＡＮＡマイレージクラブでは、法定相続人が故人のマイルを承継できることが認められています。

ちなみに、Ｓｕｉｃａ《スイカ》などの交通系ＩＣカード、ＱＲコード決済アプリの電子マネーの残高は、たいてい相続できます。ただし、小売店系の電子マネーは取扱い会社の規約で相続が認められないこともあるようです。

ポイントや電子マネーの相続の可否

ポイント	→ほとんど相続できない。大手家電量販店の一部は家族間の移行が可能
マイル	→日本航空や全日本空輸のマイルは、所定の手続きを取れば相続できる
交通系の電子マネー	→ Suica（JR 東日本）などの交通系 IC カードの残高は相続できる
QRコード決済の電子マネー	→スマホで使うＱＲコード決済の残高は相続できることが多い
小売店系の電子マネー	→取扱い会社の規約によって残高を相続できないことがある

Q138 心の生前整理も必要と聞きました。何をすべきか具体的に教えてください。

A 大切な人に感謝を伝え、やり残してきたこと、これからやるべきことを考える。

人生の終盤に差しかかったら、まだ元気なうちに自分のこれまでの歩みを振り返り、「心の生前整理」をすることをおすすめします。

過去を思い返すと、さまざまな人たちとの関わりの中でやり残してきたことが多いはずです。特に、感謝の気持ちを伝えることを忘れてはいないでしょうか。

自分を支えてくれた配偶者、元気に育って大きくなった子供たち、楽しい時間をともに過ごした友人、職場でお世話になった同僚など、感謝の気持ちを伝えるべき相手はたくさんいるはずです。「ありがとう」と口頭で伝えるのが一番ですが、恥ずかしければエンディングノート（Q99参照）を活用しましょう。感謝の言葉を書き遺すだけでも、相手にその気持ちは伝わります。

また、関係がこじれていた相手には仲直りの言葉、迷惑をかけた相手には謝罪の言葉を一筆書き遺すだけでも心の重石が取り除かれ、気がらくになるものです。

さらに、自分の今の健康状態を再認識し、これからの余生をどう生きるのか、何をしたいのか、何をすべきなのかを客観的に考えることも重要といえます。

感謝の気持ちを書き遺す

口頭で感謝の気持ちを伝えるのが一番だが、エンディングノートに書き遺してもいい。場合によっては仲直りの言葉、謝罪の言葉も書き、過去を清算すれば心がらくになる。

Q139 進学、就職、転勤で移り住んだ場所や思い出を家族に遺したい。いい方法は？

A 次㌻の日本地図に場所や思い出を書き込むといい。若い日の記憶も映像も鮮やかに蘇る。

多くの人は、生まれてから亡くなるまでの間にさまざまな土地で暮らします。そして、移り住んだ場所の遍歴は、その人にとって人生の縮図といえるものです。

進学、就職、結婚、転勤といった人生の節目を思い返すと、そのとき住んでいた場所の風景や、若かりしころの記憶が走馬灯のように蘇ってくるでしょう。

そこで、次㌻にある「書き込みシート」に場所や思い出を記入してみてください。書き込む内容は、①住んだ場所（○印を付ける）、②地名、③住んでいた期間、④独居か、誰かと暮らしていたか（同居人の名前など）、⑤印象深い思い出などです（下の図参照）。

引っ越しの回数が多くて書ききれない場合は、地図に合番を振り、場所ごとに①～⑤の内容をまとめた別表を作り、添付するといいでしょう。

また、住んだ場所だけでなく、旅行で訪れた場所や、その思い出を書き込んでもかまいません。

このようにして書き込んだ自分の人生に縁のある場所の記録は、家族としても興味深く、ゆくゆくは孫やひ孫の世代にも貴重な資料になることでしょう。

書き込みシートの記入方法

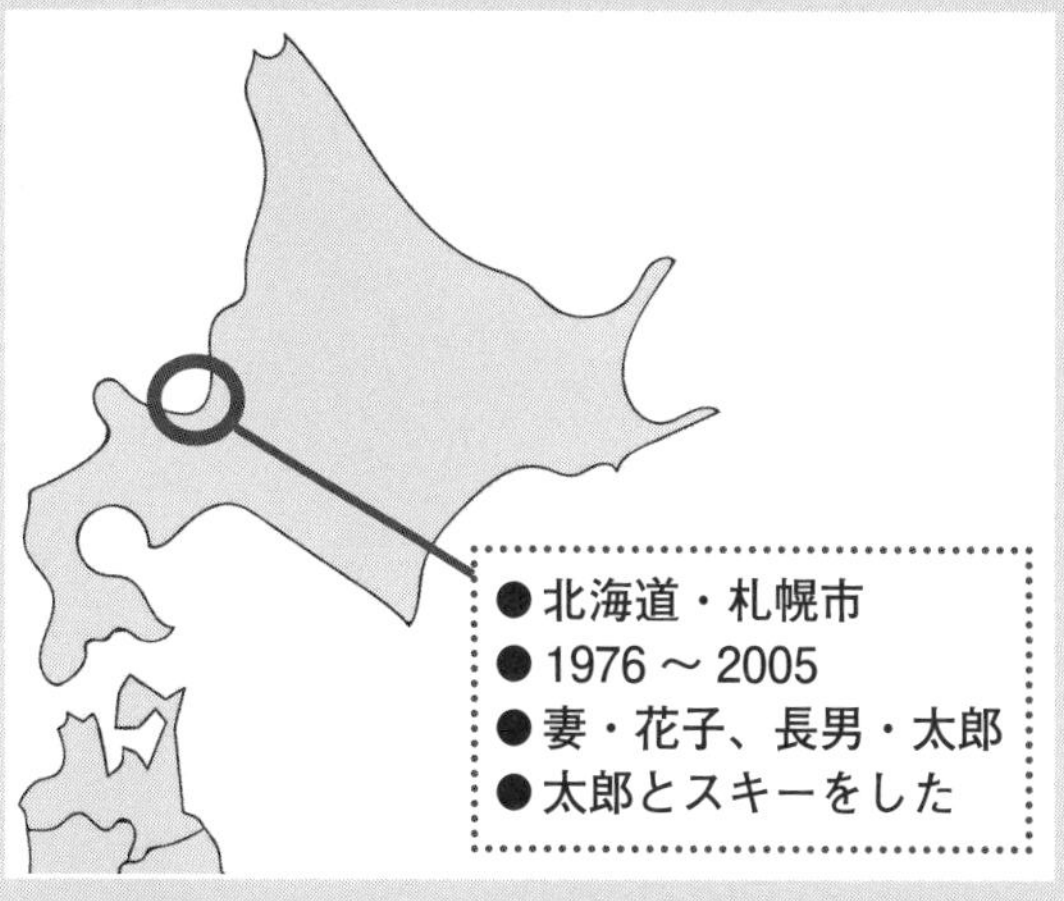
●北海道・札幌市
●1976 ～ 2005
●妻・花子、長男・太郎
●太郎とスキーをした

次㌻の「移り住んだ場所と思い出」書き込みシートは日本地図になっている。地図上の住んだ場所に○をつけ、地名、居住期間、同居人の名前、印象深い思い出を書く。

書き込みシート3 終末期を生きる力が湧いてくる！「移り住んだ場所と思い出」書き込みシート

住んだことのある**場所**に○をつけてください。

地名、居住期間、同居人の名前、印象深い思い出を書きましょう。

旅行で訪れた場所や、そのときの**思い出**も書きましょう（海外の場合は白いスペースに書き込んでください）。

第11章

「おひとりさま」の生前整理・手続きについての疑問11

▶Q140～150◀

回答者

山本宏税理士事務所所長・税理士

山本《やまもと》 宏《ひろし》

山本文枝税理士事務所所長・税理士

山本文枝《やまもとふみえ》

おひとりさまは必ず生前整理を！資産を譲る相手は別居の家族？福祉団体？

ドンドンドンドン
なんだ大家さんか耳が遠くなってね
夜も電気が消えているから心配したよ
大家さん
橋本隼人（80歳）
隼人の妻・さくら（故人）
奥さんが亡くなってからようすが変だよ
おれの人生は終わったのさ
そういうならこの機会に生前整理でも始めたらどう？
どうせもうひとりっきりだ整理してどうする？
プイ
長男・大輝
大会社に勤めてる息子さんがいるじゃないの
さくらが亡くなってから電話もよこさないあの親不孝者
終活博士
子供がいようといまいとおひとりさまだろうと生前整理は必要じゃ
財産はどうするかお葬式のことお墓のこと生前に整理・手続きすべきことは山ほどある

黙って死なれたらこっちが迷惑だわ!
電話鳴ってるよ
えそうかい?
まぁまぁまぁ
誰?なんだって?
代わってあげるよ!
あら大輝さんふんふんまーそうなの!
何度も電話してたらしいわよ聞こえなかったんでしょ
ほんとかい!
こっちに転勤になるからいっしょに暮らそうって
よし生前整理でも始めるか
急だわね
資産としては預貯金や低リスクの債券投資信託が1億円近くある
いちおく…!
まぁまぁお茶でも
遺言で慈善団体に寄付しようと思ってたがやはり息子に譲るよ
ふーん遺産を寄付して困っている人を助けるのも悪くないな
フムフム
こら!あなたの財産は私のものよ

Q140 私には血縁者が1人もいません。私が死ぬと財産はどうなるのですか？

A 最終的には国庫に納めることになる。財産を譲りたい人がいるなら遺言書で遺贈を！

亡くなった人（被相続人）に親族と思われるような人が見当たらず、遺言書も遺されていない場合には、被相続人が最後に住んでいた地域を管轄する家庭裁判所が「相続財産管理人」を選定し、その財産を受け取る相続人を探します。

それでも相続人が見つからないときは、被相続人と生計を一にしているなど特別の縁故があった人（特別縁故者）を探し、この特別縁故者に、借入金などを精算した後に残った相続財産の一部または全部が分け与えられます。ただし、特別縁故者からの請求に対して、家庭裁判所が相当と認めた場合にかぎられます。

相続人や特別縁故者が1人もいなかった場合には、精算後の相続財産はすべて国庫に納められます。自分の財産はすべて国のために使ってほしいというなら別ですが、生前にお世話になった人などに財産を譲りたいという場合には遺贈（遺言書で財産を譲ること）がおすすめです。全額ではなく、一部を遺贈することもできます。

また、「遺贈寄付」を検討するのもいいでしょう。遺贈寄付とは、遺言書によって公益法人やNPO法人、学校法人、国立大学法人、その他の団体や機関などに自分の財産の一部または全部を寄付することをいいます。遺贈寄付をサポートする専用窓口のある団体もあるので、問い合わせてみてください。

遺贈寄付のサポート窓口のある団体の例

● **日本財団**
奨学金制度や難病の子供と家族の支援、海外の教育支援などの中から遺贈者が対象事業を選定する。

● **ユニセフ**
子供たちの命と権利を守るため、約190の国と地域で活動。

● **日本赤十字社**
紛争・災害・病気などで苦しむ人を救うための支援を行っている。

● **日本盲導犬協会**
盲導犬の育成と視覚障害リハビリテーション事業を通して視覚障害者の社会参加を促進。

Q141 私と姉妹2人は今まで独身のおひとりさま。エンディングノートや遺言は必要？

A 少なくともエンディングノートは書いておこう。急に誰かが倒れたときの備えになる。

民法では、死亡した人の配偶者が常に相続人となると定められています。配偶者がいない場合には、相続人は第1順位の子（子が亡くなっているときは孫）、子や孫がいない場合には、第2順位の父母などの直系尊属（自分より前の世代で直系する親族）となります。これらの相続人がいない場合に、第3順位として兄弟姉妹が相続人となるのです。

つまり、**両親や祖父母がすでに亡くなっており、自分と姉妹2人の3人が生涯独身で子供がいない場合には、誰か1人が死亡すると、遺された2人が相続人となります。姉妹のほかにも財産を渡したい人がいる場合には遺言書が必要になりますが、姉妹にすべてを渡すのであれば、遺言書を作成しなくても特に問題はないでしょう。**

ただし、エンディングノートは書くべきです。資産の内容や重要書類の保管場所といった相続に関する情報はもちろんですが、万一のときの医療・介護の希望や血液型、健康保険証の保管場所、お葬式・お墓の希望なども記入します。がんが発見されたときの告知、植物人間になったときの延命措置の希望といった繊細な情報も書いておきましょう。

このようなことをエンディングノートに書いておけば、もしものとき対応してくれる人に役立ててもらうことが可能です（身寄りのない人も同様）。

兄弟姉妹間だけの相続

両親が亡くなっており、生涯独身の３人姉妹の１人が死亡した場合の相続例

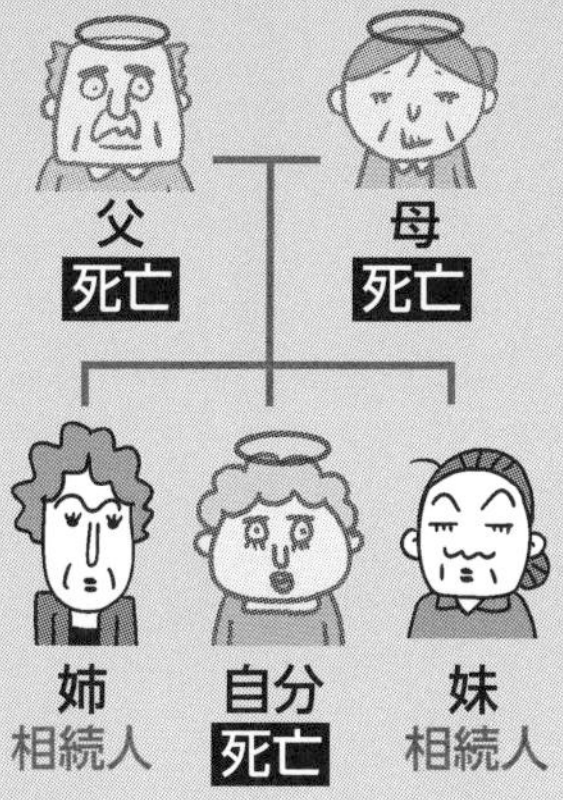

この場合、自分の財産はすべて姉と妹が相続する（2人で均等に分割）。

Q142 孤独死が心配。遠くの家族に緊急を知らせる見守りサービスがあるそうですが？

A 人感センサーやカメラで安否確認を行い、万一のとき家族に急報してくれるので安心！

高齢者のひとり暮らしで切実なのが、具合が悪くなったときの対処の問題です。脳卒中の発作などで意識を失い、自分で救急車が呼べないと、命にも関わります。発見が遅れると孤独死につながりかねません。こうした事態への備えとして役立つ、さまざまなタイプの「見守りサービス」があります（上の図参照）。

主な見守りサービスの例

○緊急通報ボタンタイプ

緊急時に通報ボタンを押すと警備員が駆けつけてくれる。ペンダント型など、身につけるタイプもある。

○センサータイプ

人感センサーが生活反応を感知し、離れて暮らす家族にメールを送信する。警備員が駆けつけてくれるサービスもある。

○アプリタイプ

ワンタッチで緊急メール送付、GPSで位置情報を通知、内蔵カメラ機能で動体確認など、アプリによってさまざま。

○家電・電池タイプ

電気ポットで行うタイプが有名。電池の使用状況で生活反応を知らせるタイプもあり、テレビのリモコンなどに入れて使う。

見守りサービスの草分け的存在としてよく知られているのが、電気ポットなどの使用が一定時間ない場合に、家族に連絡がいくタイプです。

指定した時間にスマートフォンのアプリのアラームが鳴り、画面をタッチすれば家族に連絡がいくタイプや、タッチするだけで緊急メールを送ったり外出を知らせたりできるタイプもあります。プライバシーを気にしないなら、ネットワークカメラで、生活のようすをリアルタイムで確認してもらえるタイプもあります。

緊急時にすぐ駆けつけてほしい人には、人感センサーに反応がないときや、備えつけの通報ボタンを押すと警備員が駆けつけてくれるタイプがおすすめ。備えつけのインターフォン型以外にも、ペンダント型の通報ボタンがあり、これなら身につけておけるので安心です。

Q 143

入院や施設入居時に身元保証人や連帯保証人になってくれる人を探す方法は？

A 身元保証会社を利用。お金がなければ病院のソーシャルワーカーに相談するのも一手。

病院に入院するさいや老人ホームなどの施設に入居するさいには、身元引受人や連帯保証人、緊急連絡先などが必要で、それぞれに役割があります（左の図参照）。

いずれも、家族や親族のうち血縁の近い人が望ましいとされています。これらすべての役割を一手に引き受けるのが、「身元保証人」です。一般に、身元保証人は複数人を用意する必要があります。

ところが近年は、ひとり暮らしで身寄りがなかったり、家族の支援が受けられなかったりするなど、身元保証人を用意できないケースが増えてきました。

そこで、家族や親族に代わって身元保証や連帯保証などの「身元保証サービス」を行う団体が増えています。その運営母体には弁護士・行政書士の団体、医療・福祉関係者の団体、墓石販売や葬儀の会社などがあります。

中には、入院・入居のさいの身元保証だけでなく、日常の買い物や通院の付き添い、亡くなったあとの遺体の引取りや葬儀、遺品整理までを行うところもあります。ただし、費用は高額になるケースが多く、民間の場合で、初期費用が50万～250万円、月額利用料が5万～20万円という調査報告もあります（※）。

身元保証人が見つからず、お金のかかる身元保証サービスも利用できない場合には、病院の医療ソーシャルワーカーに相談してみるといいかもしれません。

入院入居時の保証人とは

● **身元引受人**

遺体の引取り、施設や病院の退去時に費用の精算や手続き、荷物の引取りなどを行う。

● **連帯保証人**

医療費や入所費用などの金銭的な債務を保証する。

● **緊急連絡先**

容態の急変などで本人が意思表示できなくなったときに、本人に代わって意思決定をする。

● **身元保証人**

身元引受人、連帯保証人、緊急連絡先のすべての役割を一手に引き受ける。

※出典：日本総研「超高齢社会における身元保証の現状と課題」

Q144 ひとり暮らしの私は判断能力の低下に備え、成年後見契約を結ぶべきですか?

A 任意後見制度を利用し、信頼できる後見人を選んで判断能力の低下に備えるのがベスト。

ひとり暮らしの人は、認知症による判断能力の低下に備えて、「任意後見制度」の利用を検討しましょう。

任意後見制度は「成年後見制度」の1つで、今は判断力があっても、将来、判断能力が低下したときのために、あらかじめ信頼できる家族や友人、弁護士、司法書士などを後見人に選んで契約を結び、公正証書を取り交わしておく制度です（Q44参照）。

後見人に委任できることは、預貯金の管理や公的年金の受取り、財産の管理・処分、施設への入居や入院の手続き、費用の支払いなど。認知症の症状が出てきたら、家庭裁判所に申し立てると、任意後見監督人が選任され、後見人が契約内容を実行できるようになります。

Q145 家族とは疎遠です。全財産を福祉団体に寄付するにはどうしたらいいですか?

A 遺言書で寄付することは可能。ただし、疎遠とはいえ家族がいれば全財産の寄付は困難。

自分の財産を特定の人に遺したい、または福祉団体などに寄付したいと考える人もいるでしょう。その場合には、「遺贈」や「死因贈与」という方法があります。

遺贈は、遺言書によって与える財産を指定したり、割合を指定したりするものです。受け取る人（受贈者）の同意は必要なく、新しく遺言書を作ることによって何度でも内容を変更できます。死因贈与は、遺贈者（財産を贈る人）と受贈者の間で生前に贈与契約を交わすため、遺贈者だけの判断で内容を変えることはできません。

いずれも、兄弟姉妹以外の法定相続人には遺留分（最低限の遺産取得分）が認められます。親族がいる場合には、全財産を寄付するのは難しいかもしれません。

Q146 生前に結ぶ「死後事務委任契約」では、どんなことを行ってもらえますか？

A 葬儀・お墓・遺品整理など死後の事務手続き一切を第三者に代行してもらえる。

高齢社会が進み、子供がいない夫婦や生涯独身の人も多くなり、ひとり暮らしの高齢者が自宅で孤独死するケースが増えています。

東京都観察医務院によると、2019年に東京23区内の自宅で亡くなった65歳以上の単身者は3913人と報告されています。2009年の2189人に比較すると、10年間で2倍近くに増加したことになります。

人が亡くなると、さまざまな手続きが必要になります。遺体の引取りや、火葬、お墓、納骨の手配だけではありません。施設や病院の費用の精算、死亡届や年金の資格喪失の手続き、運転免許証や健康保険証の返却など、多くの手続きが必要です。

一般には親族がこれらの手続きを行います。しかし、子供が遠隔地で暮らしていたり、たとえ兄弟姉妹がいても高齢で体が不自由だったりして、なかなか手続きが進まないこともあります。身寄りがなかったり、親族と疎遠だったりすることもあるでしょう。

ちなみに、自宅で孤独死をした場合には、警察で検死が行われます。その後、身寄りがなかったり、親族が遺体の引取りを拒んだりした場合には、自治体が火葬を行い、遺骨は親族に渡されます。しかし、遺骨の受け取り

死後事務委任契約の内容例

- 遺体の引取り
- 葬儀、埋葬、納骨
- 家族・親戚、関係者への死亡連絡
- 役所への死亡届の提出、戸籍関係の手続き
- 公的年金などの資格抹消手続き
- 運転免許証、健康保険証などの返却手続き
- 生命保険、医療保険の手続き
- 賃貸住宅の退去と明け渡し
- 自宅の売却
- 遺品整理
- 退院・退去費用の精算
- 公共料金の解約手続き
- SNSのアカウント、メールアドレスの削除 など

も親族が拒否した場合には、無縁仏として永代《えいたい》供養されます。

自分の死後の後片づけを依頼

無縁仏になるよりも海洋散骨してほしいなど、死後についての希望やこだわりがある人は「死後事務委任契約」を結んでおくといいでしょう。自分の親族の手をわずらわせたくないと考える人にもおすすめです。

死後事務委任契約とは、生きているうちに自分の死後の後片づけを行う契約を結んでおくことをいいます。親族がいない場合、第三者（知人、司法書士、行政書士、事業者など）と契約を結ぶことになります。

契約内容によっては、希望する葬式の手配だけではなく、前述したような死後の手続きも行ってもらえます。ほかにも、生命保険の手続き、友人・知人への死亡の連絡、インターネットのメールアドレスやSNSのアカウントの停止、自宅の片づけや売却、遺品の処分など、さまざまなことを依頼できます。

ただし、依頼内容が増えるほど、その分、料金も高くなります。内容をよく吟味して契約を結びましょう。

Q147 死後事務委任契約で注意すべきことはありますか？

A 契約を結ぶ相手に資格は必要ないので信用できる人を選ぶこと。弁護士などが安心！

死後事務委任契約を結ぶ相手方には、特に資格が必要なわけではありません。相続人以外の親族や血縁関係のない友人・知人と契約することもできます。**したがって、自分の死後に確実に約束を守ってくれそうな信頼できる人に死後事務を依頼することが重要です。**

死後の手続きの中には、原則として親族や同居人でなければ行えないものもあります。そのため、役所の窓口などでは、死後事務委任契約を交わしている証明を求められることがあります。口約束だけですませることなく、きちんと公正証書にしておきましょう。また、死後事務を弁護士や司法書士、行政書士といった専門家に委任すると間違いがなく安心できるでしょう。

Q 148 死後に限らず、生前の入院・介護・後見まで代行する生前契約もあるそうですが？

A 約30年の実績がある「りすシステム」が行う高齢者支援サービス。

老後のひとり暮らしでは、主に「暮らしのサポート」と「死後のサポート」の2つが必要とされています。

暮らしのサポートとしては、万一のときに家族への連絡や緊急通報をしてくれる見守りサービス（Q142参照）、病院や施設への入院・入居時に身元保証人になってくれるサービス（Q143参照）、認知症などで判断能力が低下したときに備える成年後見契約（Q144参照）などがあります。

死後のサポートとしては、死後の事務手続きを代行するサービス（Q146参照）があります。生きているうちに死後に関する契約や手続きを結ぶことを「生前契約」と呼びます。

ただし、これらの内容を1つひとつ比較して選んでいくのは大変だと考える人もいるでしょう。そこで、死後にかぎらず、生前の入院・介護・後見までを代行する生前契約を検討してみるのもいいでしょう。

例えば、生前契約の草分け的存在として知られているのが「りすシステム」です。りすシステムの「りす」とは、リビング・サポート・サービスを表す英語の頭文字からきています。発足は1993年で、その後、特定非営利活動法人（NPO）に組織変更。30年近くの実績があり、全国に支部があります。

りすシステムの生前契約

○ 死後サポート契約

負担付き遺贈（遺言）、死後事務委任契約により、葬儀・火葬・納骨、住居の片づけ、そのほかのさまざまな手続きなどを引き受ける。

○ 生前サポート契約

生前事務委任契約（公正証書）をもとに、日常生活の支援から療養看護、財産管理、入院時に必要となる入院保証など、本来は家族が担うこと一切を引き受ける。

○ 任意後見契約

判断能力が低下した場合には、任意後見契約に基づいて、判断能力が失われたのちの生活をサポートする。

生前から死後までを総合的にサポート

りすシステムの生前契約には、死後のみの「死後サポート契約」と、生前から死後までを総合的に支援する「死後サポート＋生前サポート（任意後見契約含む）契約」の2タイプがあります。

りすシステムの支援内容の例

死後のサポート	• 病院などからの遺体の引き取り • 火葬の立ち会い • 納骨、散骨の手続きや実行 • 親戚、友人などの関係者への連絡 • 住居や家財の片づけ、退居手続き • 年金、保険、電気、ガス、水道などの解約・精算手続き　など
生前のサポート	• 急病やケガでの通院の付き添い • 手術・病状の説明の立ち会い • 外出、買い物、旅行の付き添い • 身元保証人や緊急連絡先の受託 • 老人ホームへの入居・転居相談や施設見学の立ち会い • 墓じまいの相談、支援 • 任意後見（認知症などで判断力が低下した場合での後見人の受託）　など

●死後サポート契約

死後サポート契約は、死後事務委任契約に基づいて、死後に生じるさまざまな手続きを契約者に代わって行います。人が亡くなると必要になる「葬儀・火葬・納骨」の基本型死後事務に加え、供養の方法、お墓や仏壇の管理・処分などの希望を追加することができます（上の表参照）。

●生前サポート契約

生前事務委任契約（公正証書）をもとに、療養看護や財産管理、入院・入居時に必要となる保証業務を家族に代わって行ってくれます。日常生活の支援では、高熱が出た、ギックリ腰になったなど、ケガや病気で助けが必要になったときには、専門的知識や技能を持ったパートナーが駆けつけてくれます。

●任意後見契約

あらかじめ本人の意思で支援内容を決めて契約を行っておき、認知症などで判断能力が低下してきたら、りすシステムが家庭裁判所に申し立てます。任意後見監督人が選ばれることで、任意後見契約が有効になります（任意後見制度についてはQ44参照）。

Q149 私の家族はペットだけ。私の死後、ペットの世話を託すことはできますか？

A 例えば、友人とペットの世話を託す信託契約を結ぶことで可能になる。

自分にもしものことがあったとき、信頼できる個人や保護団体などにお金を託して、ペットを飼育してもらう「ペット信託」が注目されています。飼い主の死後だけにかぎらず、飼い主の入院や施設への入居後におけるペットの世話を託すこともできます。

この信託契約のメリットは、①信託財産（託したお金）はペットのためにしか使うことができない、②信託財産の使われ方をチェックする信託監督人をつけることができる、③万一相続人が現れた場合でも信託財産は相続財産と別扱いになる、などです。

信託契約書は、行政書士や司法書士などの専門家に作ってもらうといいでしょう。

Q150 ペットにお金を遺してあげたい。可能でしょうか？

A お金は遺せないが、死後事務委任や負担付遺贈などでペットの生活は保障される

日本の民法では、ペットに直接財産を遺すことはできません。とはいえ、死後事務委任契約（Q146参照）にペットの飼育を盛り込んだり、「負担付遺贈」を行ったりすれば、ペットの飼育を託すことができます。

負担付遺贈とは、遺言書により、ペットの飼育という負担を条件として、世話をしてくれる人に遺産を譲る方法です。ただし、負担付遺贈では、受け取る側が遺贈を拒否（相続放棄）することができます。

その点で「負担付死因贈与」のほうが確実です。これは、生きているうちにペットの飼育を条件に、死亡後の財産を贈与することを双方の合意のもとに取り決めた契約なので、一方的に契約を解除することはできません。

解説者紹介　掲載順・敬称略

佐藤正明税理士・社会保険労務士
事務所所長
税理士　社会保険労務士
日本福祉大学非常勤講師

佐藤正明《さとうまさあき》

佐藤正明税理士・社会保険労務士事務所所長（税理士・社会保険労務士）、ＣＦＰ（最高ランクのファイナンシャルプランナー）、日本福祉大学非常勤講師。小規模事業者の事業育成・新規開業のサポートをはじめ、税務、会計、社会保険、相続・事業承継、年金相談など多角的な視点でのアドバイスを行っている。テレビ番組で年金・社会保険・税金のコメンテーターとしても活躍中。著書は『2000万円不足時代の年金を増やす術50』（ダイアモンド社）、『大切な人が亡くなった後の手続き　完全ガイド』（高橋書店）、『個人の所得と税務アドバイス必携』（近代セールス社）など多数。

山本宏税理士事務所所長
税理士

山本《やまもと》　宏《ひろし》

山本宏税理士事務所所長（税理士）、ＣＦＰ（最高ランクのファイナンシャルプランナー）。中小企業オーナー、個人資産家に対する事業承継および相続対策を得意業務とするほか、ＣＦＰとして専門の金融知識を生かした資産運用相談・不動産有効活用・財産管理などの業務も幅広く行っている。特に、常にカスタマー目線で行う税務サービスなどの提供に定評がある。著書に『マンガでわかる！もめない相続・かしこい贈与』（わかさ出版）、『身近な人の死後の手続きＱ＆Ａ大全』（共著・文響社）などがあり、テレビ・新聞・雑誌のコメントや執筆でも活躍中。

山本文枝税理士事務所所長
税理士

山本《やまもと》文枝《ふみえ》

山本文枝税理士事務所所長（税理士）、ＡＦＰ（アフィリエイテッド・ファイナンシャルプランナー）。法人・個人の顧問業務、相続業務等すべての分野で顧客第一主義に基づき、真摯に相談に応じ顧客のニーズに応えることをモットーとしている。多くの相続業務の経験を活かした生前対策の提案や、ＡＦＰとして培ってきた専門的な金融知識を生かし、顧客の資産運用相談などを積極的に行うことで定評がある。また、地域の小中学校で租税教育活動などの社会貢献活動にも長期的に携わり、専門雑誌の監修協力も精力的に行っている。

東池袋法律事務所
弁護士

根本《ねもと》達矢《たつや》

池袋法律事務所（弁護士）、可茂成年後見センター理事。2015 年弁護士登録、東京弁護士会会員。学生時代に学んだ現代日本の抱える「司法過疎」という問題の解消に寄与したいという願いから、国が設立した法的支援機関「法テラス」の組織内弁護士として活動を始める。岐阜県の法テラス可児法律事務所代表を経て、2020 年２月より東池袋法律事務所に入所。依頼者の真の「困りごと」に寄り添い、それをほぐしていく、社会インフラとしての弁護士を心がけている。著書は『遺産分割実務マニュアル』（共著・ぎょうせい）、『身近な人の死後の手続きＱ＆Ａ大全』（共著・文響社）など。

【65年ぶり生前贈与ルール大改正完全対応版】
自分と家族の
生前の整理と手続き
弁護士・税理士が教える
最善の進め方Q＆A大全

2023年12月12日　第1刷発行
2024年7月19日　第4刷発行

編集人　小俣孝一
シリーズ企画　飯塚晃敏
編集　わかさ出版
編集協力　菅井之生
香川みゆき
山岸由美子
中平都紀子
装丁　下村成子
DTP　菅井編集事務所
イラスト　前田達彦
発行人　山本周嗣
発行所　株式会社文響社
〒105-0001　東京都港区虎ノ門2丁目2－5
共同通信会館9階
ホームページ　https://bunkyosha.com
お問い合わせ　info@bunkyosha.com
印刷・製本　中央精版印刷株式会社

ISBN 978-4-86651-682-0

「生前の整理と手続き」は、みなさんがお住まいの地域によって詳細が異なる場合があります。事前に届け出先の役所、金融機関、家庭裁判所などに確認したうえで、手続きをお進めください。本書の内容は発売日時点の情報に基づいています。法律、税金、年金などの個別のご相談には応じられません。マンガや書式例の記載内容は実在する人物、住所などとは関係ありません。